最速でバレずに

気になる薄毛をカバーする

COVER THE THIN HAIR YOU CARE
ABOUT AT THE FASTEST AND GET COOL

ばっちりキマる

for men

INTI代表
宮本洋平
Yohei Miyamoto

すばる舎リンケージ

はじめに

初めまして。美容師の宮本洋平です。

私は2016年3月、東京・渋谷に『ヘアデザインで人生を変える』をコンセプトにした、薄毛に悩む男性のコンプレックスを軽減する美容院「INTI（インティ）」をオープンし、今日に至るまで営業を続けています。

本書を読み進めていただく前に、出版に至った経緯を簡単にお話ししたいと思います。

INTIがオープンする16年前。

当時22歳だった私は、ただ有名になりたいという漠然とした夢を叶えるため、表参道の有名美容院の門を叩きました。

ちょうどその頃、美容業界は空前の美容師ブームにより、これまでにないほどの盛り上がりを見せており、大都会東京の風を全身で感じながら下積み時代を過ごすことができました。

3年の下積みを経て、晴れて美容師としてデビューした私は、タレントやミュージシャンなどのヘアメイクを担当するヘアメイクアーティスト、女性のお客様を中心に美容院でカットやパーマを担当する美容師として二足のわらじを履き、多忙で華やかな日々を過ごすようになっていきました。

そんな順風満帆とも思える美容師生活でしたが、私の心の奥底では誰に気づかれることもなく、自分の「薄毛」に対するコンプレックスが日増しに大きくなっていきました。

次第に風が強い日の外出を避け、帽子が手放せなくなり、海やプールから足が遠のきました。道半ばの美容師という職業に後悔することもあり、四六時中頭の中は「薄毛」の恐怖で埋め尽くされ、遂には夢にも出るほどそのコンプレックスは巨大化していました。

誰に相談するでもなく、未来への恐怖を日々感じながら生活する私の心はゆっくりと蝕まれていきました。

そんなある日、一週間ほど前にカットを担当した、長年薄毛に悩んでいるという男性のお客様から一通のメールをいただきました。

そのメールには丁寧な文章でこう記されていました。

会社に行けば薄毛を嘲笑され、人の視線が辛くなり休職していること。

美容院からは足が遠のき、活発だったはずの自分が次第に塞ぎがちになり、うつ病を患ってしまったこと。

ネットで私が同じ悩みを持っていることを知り、来店を決意したものの、当日は緊張のあまり店の前を何度も行ったり来たりして、予約時間になってもなかなか店に入れなかったこと。

気になるところにハサミが入る瞬間、心臓が口から飛び出しそうなくらい緊張していたことなどが赤裸々に綴られていました。

そしてメールはこう続いていました。

髪を切ったあとの心の開放感は、言葉で言い表せないくらい素晴らしいものでした。

その日から外出も少しずつ増え、古い友人や、職場の仲間に会えるようになりました。

本当、少しずつ少しずつよくなり、来月から職場に戻ることになりました。

宮本さんのテクニックは、うつ病も改善するほどの素晴らしいものです。

本当に感謝しています。これからもよろしくお願いします。

私は何度も読み返し、何度も涙しました。

そして私だから提供できる技術やサービスがあることに気づかされました。

なぜなら、薄毛に悩む方の切られたくないところや、されたくないことが手に取るように理解できたからです。

薄毛を薄毛に見せないカットの仕方やセット方法、薄毛を緩和することのできるドライヤーやワックスの使い方など、自分と重ね合わせながらさらに研究を重ね、唯一無二の技術やサービスを提供できるようになっていきました。


薄毛の問題を笑って話せる人もいれば、そうでない人もいます。

薄毛のコンプレックスは心をも蝕みます。

本書は私がこれまで培った、薄毛をより自然にカバーするテクニックを出し惜しむことなくまとめてあります。

明日からのコンプレックスを少しでも軽減させ、笑顔のお手伝いができれば、これほど嬉しいことはありません。

INTI代表　美容師　宮本洋平

はじめに……002

CHAPTER 1

髪の悩みが減れば人生が変わる

■多くの男性が薄毛に悩んでいる……014
活発な自分はどこへ行った？
■薄毛のコンプレックスを軽くする具体的な方法……017
完全に克服はできなくても、軽減はできる
可能な選択肢を知っておくと安心
■自分の薄毛のタイプを知ろう……023
原因は「AGA」か「ストレス」
AGAの3つの進行パターンとは？
AGA予備軍かどうかの見分け方

CHAPTER 2

薄毛をカバーするヘアセットの基本ルール

■パッと見で薄毛と感じさせない工夫……030
一番の特徴が「薄毛」にならないように
顔周りに薄毛以外の情報を増やす

■自分に似合うヘアスタイルの選び方……033
事前に知っておきたい「型」と「タイプ」
■かっこよく見える髪型の基本……037
ヘアセットの3つのポイント
■カットオーダーの基本……041
薄毛部分を薄く見せないためのルール
前髪の長さを指定するときの注意点
■ヘアセット前に準備しておくもの……045
まずはこれだけあればいい
■ヘアセット前のプレシャンプーは必須……050
さっと泡立ててベタつきをとればOK
髪は濡れていると変形が可能になる
着替えは先に済ませておこう
■ドライヤーでのスタイリングの基本……053
「毛流れ」を意識しながら乾かそう
乾かしながらしっかり髪をクセづけする
後頭部がやや薄くなってきたら
■髪のボリュームダウンの基本……060

固形ワックスの効果的な使い方
具体的なセットのやり方
■髪のボリュームアップの基本……065
パウダーワックスの効果的な使い方
具体的なセットのやり方
ボリュームダウンにも使える
■最後の仕上げ、ハードスプレーの使い方……070
しっかり固めて1日持たせるために
ボリュームが足りないところをフォロー
梅雨時、夏場に押さえておきたい!

CHAPTER 3

〈薄毛のタイプ別〉お勧めの髪型とスタイリング

■M字型薄毛にお勧めの髪型とスタイリング……076
M字型薄毛の特徴
M字型薄毛にお勧めの髪型
M字型薄毛のカットオーダーのコツ
M字型薄毛のスタイリング方法
■O字型薄毛にお勧めの髪型とスタイリング……091

O字型薄毛の特徴
O字型薄毛にお勧めの髪型
O字型薄毛のカットオーダーのコツ
O字型薄毛のスタイリング方法

■U字型薄毛にお勧めの髪型とスタイリング……099
U字型薄毛の特徴
U字型薄毛にお勧めの髪型
U字型薄毛のカット&パーマオーダーのコツ
U字型薄毛のスタイリング方法

■びまん型にお勧めの髪型とスタイリング……106
びまん型薄毛の特徴
びまん型薄毛にお勧めの髪型
びまん型薄毛のカットオーダーのコツ
びまん型薄毛のスタイリング方法

CHAPTER 4

日常のメンテをスムーズにする6つの提案

■薄毛な人ほどカラーとパーマが武器になる……112
パーマやカラーで頭皮は影響を受けない

直毛が薄毛カバーで不利な理由
オシャレの選択肢としてのパーマ
髪の色で薄毛を目立たなくできる

■坊主頭にするときの注意点……116
多くの人はメンテナンスが大変
坊主にしても問題ないタイプとは？

■自宅でのセルフカットのコツ……120
はさみは「スキ率」で選ぶ
切ってもいい髪、ダメな髪の見分け方
前髪が割れてきた場合のセルフカット

■スタイリング剤で固めた髪の洗い方……125
固形ワックス、ハードスプレーを落とす
パウダーワックスを落とす

■ブラックパウダーを使いこなす……128
知っておいて損はない、その実力

■美容院選びで失敗しないための目安……133
安心して髪を切りたい！

CHAPTER 5

AGA治療、自毛植毛、結毛式増毛について

■AGA（男性型脱毛症）治療について……140
「ミノキシジル」の効果と使用上の注意点
進化途上のAGA治療薬
個人輸入のリスク
■自毛植毛について……145
地毛植毛手術には2つの方法がある
実際に行う前に知っておくべきこと
要注意！　植毛してもAGA治療は必要
■結毛式増毛について……154
活用にはある程度の髪の長さが必要
おわりに……157

ブックデザイン：菊池祐（LILAC）
イラスト：内山弘隆（p35，p39）
イラスト：李佳珍（p26）

CHAPTER 1

髪の悩みが減れば人生が変わる

多くの男性が薄毛に悩んでいる

活発な自分はどこへ行った？

現在、日本人の３人に１人が「薄毛」で悩んでいると言われています。その数は約４千万人にものぼり、この人数はアジア諸国で一番多いと言われています。日本は世界的に見ても薄毛が多い国と言えます。

薄毛の問題への受け止め方は千差万別で、笑い話にできる人もいれば、深く悩んでしまう人もいます。

笑い話にできる人なら問題はないですが、深く悩んでしまう人の場合、薄毛に対するコンプレックスは他人には想像し得ないほど大きく深刻な問題となります。

一度薄毛が気になり出すと、他人の視線がいつも自分の頭髪に向いているような感覚になり、これまでのようにうまくコミュニケーションをとることが難しくなります。

少しの髪の乱れが気になり、知らず知らずのうちに鏡を見て髪型をチェックする回数が増え、風などで髪が乱れるリスクを避けたい一心で、活発だったはずの性格も次第に内向的になります。

友人や家族にも相談しにくい内容であることから、気がつけば四六時中髪のことを考えるようになり、頭の中が薄毛へのコンプレックスや恐怖心で埋め尽くされてしまう方も少なくありません。

加えて、薄毛は「進行性」であるということが、恐怖心をより大きくします。

年齢を重ねるごとに進行するとされる薄毛は、若い人ほど気に病み、心身を圧迫されます。

そのような心理状態のまま、女性と話す機会がある飲み会やパーティーで、これまでの自分と同じように明るく魅力的に振る舞うことが可能でしょうか。

大事な仕事のプレゼンテーションの場で、大勢の視線を物ともせず、堂々と立ち居振る舞い話すことが可能でしょうか。

「薄毛」というのは、気にならない人からすると一見なんてことはないのですが、悩んでいる本人からすると決して安易な問題ではありません。

薄毛とどう向き合い、どのような対策で薄毛へのコンプレックスを軽減するかは、今後の人生にとって大きな課題となるのです。

薄毛のコンプレックスを軽くする具体的な方法

完全に克服はできなくても、軽減はできる

薄毛のコンプレックスを軽減させるにはいくつかの方法があります。

しかし、これまで数多くの薄毛に悩むお客様を見てきて、残念ながら薄毛のコンプレックスを完全に克服するのは難しいと感じています。

なぜなら薄毛へのコンプレックスは、実際の毛量にかかわらず本人がどう感じているかがすべてだからです。

私のお客様にも、周囲から見たら髪が多くフサフサなのに、本人は薄毛に悩んでいるということはよくあります。

一見、髪の悩みと無縁のように見える方でも、薄毛や抜け毛に対し過敏になるあまり、増毛や植毛でコンプレックスを克服しようと試行錯誤している人は数多くい

ます。

そういった方々を見ていると、コンプレックスとは必ずしもその人の表面から確認できるわけではなく、心の奥底に深く根づいているものなのだと感じます。

可能な選択肢を知っておくと安心

本書は、ヘアスタイリングによって、薄毛の悩みに対応することを目的とした本です。自宅で毎日実践できるヘアスタイリングは、誰でも手軽にできる薄毛カバーの基本ですし、上達するほど薄毛カバーの大きな武器となります。

しかし、ここでいったん薄毛への対策にはどのようなものがあるのか、主なものを俯瞰しておきたいと思います。コンプレックスの軽減幅を大きくするために、可能な選択肢を知っておくことは重要だからです。

薄毛に悩む男性の症例を数多く見てきた私の主観で、それぞれの特徴について簡単にまとめてみます。

・ヘアカット

薄毛に悩む方ほどカットの仕方や髪の長さの設定は重要で、それによって大幅に薄毛の印象をカバーすることができます。

本書では、薄毛を目立ちにくくするための基本的な考え方、薄毛のタイプ別カットオーダー方法、自宅でのセルフカット、坊主頭にするときの注意点などを、別項で詳しく説明します。

・ヘアスタイリング

ふだん自己流で行っているヘアスタイリングも、少しの工夫で周りに与える薄毛の印象を大きく緩和することができます。

本書では、薄毛部分を目立たなくするドライヤーのかけ方や、薄毛部分をカバーするのに使いやすいスタイリング剤とその使い方、薄毛のタイプごとに異なるヘアセットのポイントまで、わかりやすく解説します。薄毛感の少ない髪型を短時間で実現できます。

・ブラックパウダー

地肌に直接黒いパウダーを振りかけて地肌の透け感をカバーします。頭頂部や前頭部などの、髪はあるが毛量が少なく細くなっている部分をカモフラージュするのに適しています。有名なものに「スーパーミリオンヘアー®」があります。

実際にサロンで使っている立場から、使用上の注意点や自然に見せるコツなどを、128ページで紹介しています。

・AGA治療

AGA（男性型脱毛症）の治療で主にミノキシジルやフィナステリドなどの内服薬が用いられます。それぞれの薬ごとに異なる副作用があるため注意が必要です。薬と相性のよい薄毛のタイプとそうでないタイプがあるように感じます。

私は医療関係者ではないため、美容師としての立場からAGA治療について言えることを、140ページで紹介します。

・自毛植毛

後頭部から毛根をドナーとして採取し、気になるところに移植する外科手術です。費用は高いですが、一定の効果が確実に出ます。髪の太さや薄くなり方などで自毛植毛が向いている方とそうでない方がいるように感じます。より詳しい内容は、145ページで紹介しています。

・増毛

増毛には「結毛式（けつもうしき）」「編み込み式」「全面接着式」の3種類があります。本書では実際に私が施術していたことのある「結毛式」について紹介します。これは1本の健康な髪の毛に2〜4本の人工毛を結びつけて髪を増やす方法です。人工毛を結ぶ際に自毛に結び目ができますので気になる方が多いです。人工毛は絡みやすいのでクシ通りが悪いのもストレスのひとつになります。デメリットもありますが確実に髪を増やすことができるので、結婚式や同窓会などの一時利用に適しています。こちらは154ページで紹介しています。

・ヘアウィッグ

いわゆるかつらです。髪が生える部分全体を覆うフルウィッグと、部分的なポイントウィッグがあります。

ローテーションで使用することが多いため、2つ以上のストックと、品質を維持するためのメンテナンスが必要です。費用は数十万円するものが多く、一度装着するとなかなか外すタイミングが見あたらなくなってしまいます。

私の専門分野ではないので本書ではこれ以上の説明は控えます。

以上のように、薄毛をカバーする方法は多種多様です。

それぞれの対策の具体的なメリット・デメリットを知り、自分のライフスタイルや金銭的事情はもちろん、なるべく薄毛の進行状況に合わせたものをチョイスできたほうが有利です。

必要に応じて方法を組み合わせることにより、薄毛のコンプレックスを大幅に軽減しやすくなります。

自分の薄毛のタイプを知ろう

原因は「ＡＧＡ」か「ストレス」

薄毛のコンプレックスを軽減させるには、まず現在の自分の薄毛状態を正確に把握しておく必要があります。

薄毛のタイプは大きく2つに分かれます。

ひとつはＡＧＡ（男性型脱毛症）が主な原因となって髪が薄くなっている場合。

もうひとつは、ストレスが主な原因となって髪が後退している場合です。

髪がどのように薄くなるかに違いがあり、ＡＧＡが原因の場合は、生え際もしくは頭頂部から髪の量が減っていき、同時に生え際が後退しはじめます。

一方、ストレスが原因の場合は、髪の量は減らずに生え際のみ後退していきます。

ＡＧＡの方によく見られる特徴として、毛周期（ヘアサイクル）の乱れがあります。毛周期とは毛の生え変わる周期のことで、すべての体毛にはそれぞれ異なる毛周期があります。

例えば、眉毛がずっと伸び続ける人はいないでしょう。眉毛の毛周期は毛髪より短いため、一定の長さで自然と抜け、新しい眉毛に生え変わっています。そのため伸びていないように感じるのです。

男性の毛髪の毛周期は3～5年（女性は4～6年）と言われています。

髪は1ヶ月で1センチほど伸びるので、1年で約12センチ伸びると仮定すると、長く伸びる人でも約60センチ以上は髪が伸びないという計算になります。

通常3～5年と言われる毛周期が乱れて、3ヶ月～5ヶ月といった短い周期になってしまうと、3～5センチほどの髪がやけに多くなってきます。

「もしかしてＡＧＡかな？」と思ったら、気になるところの髪をよく観察してみてください。短い髪や細い髪が多くなってきていたら黄色信号です。

また、短い髪が抜け、その毛先が細くなっていたら、その髪は1度もカットされていない髪（一度でもカットされると毛先は角張った断面になる）ということなので、AGAの疑いがあります。

AGAの3つの進行パターンとは？

AGAによる髪の後退については、次ページの図のように大まかに分類されています。

薄毛の進行はどのタイプも図のⅠの状態から始まります。それが、髪の生え際から薄くなる「M字型」、頭頂部から薄くなる「O字型」、前頭部から薄くなる「U字型」に別れ、それぞれが進行していくうちに再度合流するわけです。

とはいえ、個人差もあるので、誰もが最終的にⅦになるわけではありません。

ひと言で「薄毛」と言っても、進行のパターンは複数あるので、本書でのヘアカット、ヘアスタイリングの解説は、自分の薄毛のタイプに合ったものを取り入れていただく形になります。まずは、ご自身がこの図のどの髪型にあてはまっているのか確認しておいてください。

AGAの進行パターン

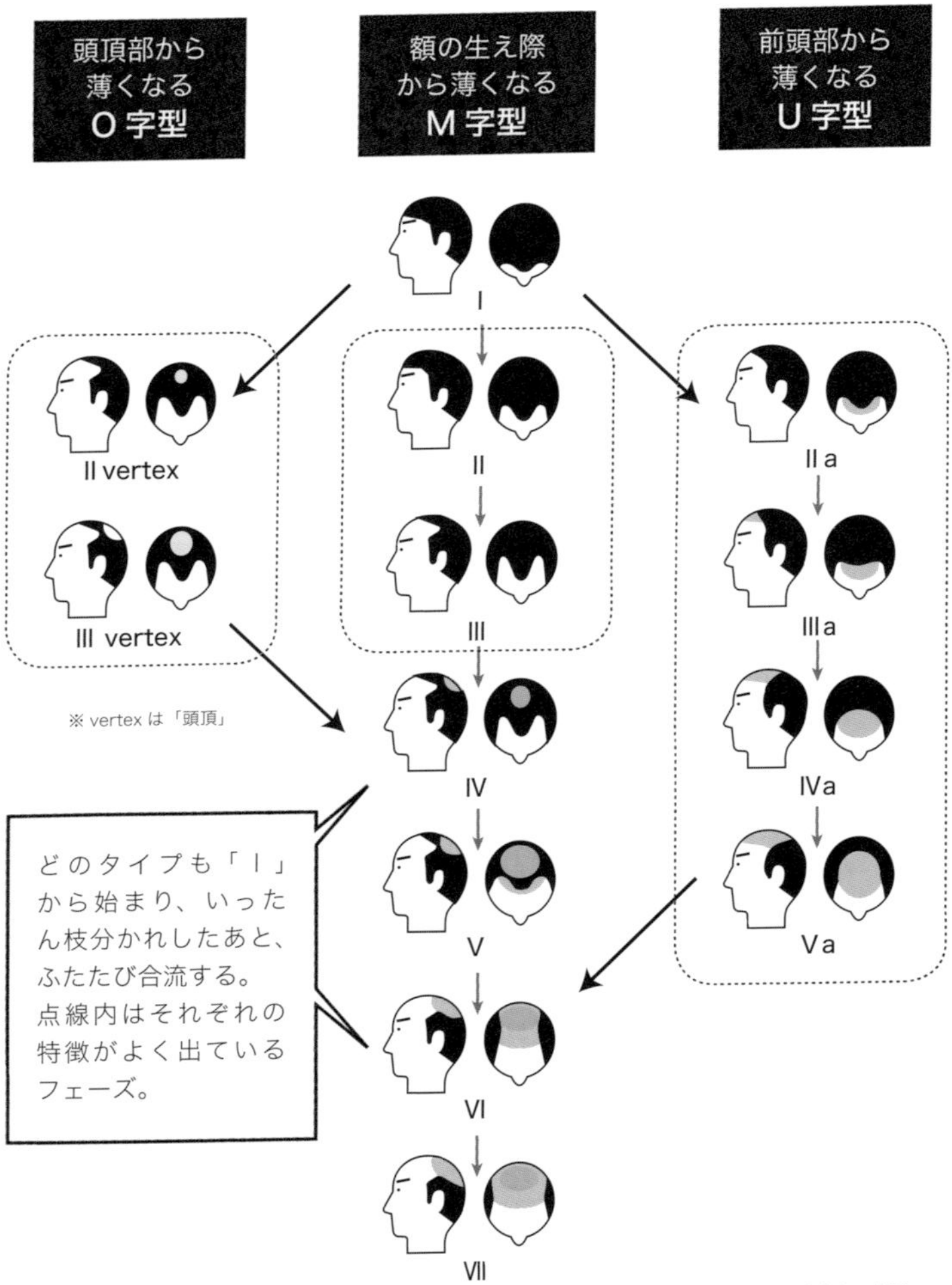

ハミルトン・ノーウッド分類をもとに作図

ＡＧＡ予備軍かどうかの見分け方

また、ＡＧＡ予備軍の方もある程度見分けることができます。

今のところ髪がフサフサであっても、次のような方はＡＧＡの可能性があります。

①父、または母方の祖父が薄毛である

薄毛の遺伝は母方の祖父が影響すると言われています。ただ、これまで多くの薄毛のお客様からお話を伺った経験上、自分の父親が薄毛の場合との因果関係がないとは考えにくいように思います。

②もみあげや襟足の髪が細く、くせ毛である

これはＡＧＡのお客様に多く見られる特徴です。もみあげが伸びない（伸びるのが極端に遅い）、ツーブロックにしていないのにツーブロックのようになる、触ると簡単に抜けるなどの特徴があります。なぜそのような特徴の方にＡＧＡが多いのかは不明です。

③ハチが張っている

ハチとは、頭部でもっとも出っ張りが大きなところで、左右の2ヶ所あります(39ページの図参照)。もともと日本人はハチが張っている傾向があるのですが、触ってみて骨格が四角に近いくらい極端に横に出ている場合は可能性が高いです。

④頭皮が硬く動かない

これは頭全体のことではなく、薄毛になりやすい前頭部および頭頂部のことです。頭皮が柔らかい人は頭皮を指でつまむことができますが、硬くなっているとつまむことができません。

こうした特徴があてはまる方は、事前に薄毛への対処法を頭に入れておくとよいでしょう。

CHAPTER 2

薄毛をカバーする
ヘアセットの基本ルール

☑ パッと見で薄毛と感じさせない工夫

一番の特徴が「薄毛」にならないように

世の中には、薄毛であっても、薄毛であるという印象が希薄な方がいます。

もちろんヘアセットで100%カバーしている人もいますが、ヘアセットだけに頼らず別の工夫もできると選択の幅が広がります。

それは、「視線を薄毛から外させるスタイリング」です。

違った言い方をすると、自分の特徴から「薄毛」を除外することです。

私たちは初対面の人と対峙した時、目に飛び込んできた情報の中から知らず知らずのうちにその人の特徴を見つけ、脳に記憶しようとします。

そのほとんどが外見的な要素になると思います。

例えば、太っている、髪が長い、イケメン、メガネをかけているなどなど。

そんな中、薄毛の方に多く見られる傾向が、外見における特徴のトップ3に「薄毛」がランクインしてしまっていることです。

最悪の場合「薄毛」の特徴が一番になり、「髪の薄い○○さん」という印象になってしまいます。

顔周りに薄毛以外の情報を増やす

薄毛をカバーすると聞くと、ついつい「バーコードヘアのように違うところの髪を無理やり持ってきて隠す」みたいなことを想像しますが、実は薄毛から視線をいかに外させるかがとても重要な要素になります。

目標は「薄毛」という特徴を、印象の4番目以降に位置づけすることです。

例えば、少し特徴的でおしゃれなメガネをかけ、あまり見ない蝶ネクタイを結び、襟足の髪を金髪にでもしてみましょうか。

ちょっと極端な例ですが、薄毛以外の情報が多い人と、薄毛以外の特徴がとくにない人とを比較した場合に、前者のほうが薄毛の印象は大幅に軽減されると思いませんか。

イメージ操作のポイントは、薄毛のそばに違うポイントをたくさん持ってくることです。ブーツの先が尖っているくらいだと、頭部から遠すぎて視線誘導は難しいでしょう。

この視線誘導の技術はこれからお話しする、ヘアセットにおいても絶大な効果を発揮します。毛先のアレンジや束感により視線誘導の効果も得ることができるのです。

自分に似合うヘアスタイルの選び方

事前に知っておきたい「型」と「タイプ」

薄毛のタイプ別のお勧めヘアスタイルについては3章で紹介していきますが、せっかく薄毛がカバーされていても自分に似合っていなければなんだか残念です。

薄毛の進行具合との兼ね合いもありますが、基本的に似合う髪型を決めるときに大きな要素となるのは、その方の顔の「型」と「タイプ」です。

ここでは、私がお客様とのカウンセリングの際に似合うか似合わないかの判断材料としてよく使用する、顔の「型」と「タイプ」をそれぞれ2つずつ紹介し、それぞれに似合いやすい髪型を提案していきます。

自分がどの型とタイプかを判断し、より自分に似合う髪型に近づける参考にしてください。

顔型① 面長メンズ

痩せている、顔が長い、背が高いなど全体的に縦への印象が強い男性の場合です。このような方には耳上にボリュームを持たせる、耳後ろから髪が見えているなど、横への広がりを感じさせるヘアスタイルをお勧めします。

ベリーショートなどより、多少の長さがあるほうがお似合いになります。

逆に縦の長さが強調されやすい、側頭部を刈り上げたソフトモヒカンやバーバースタイルなどのヘアスタイルは避けるべきでしょう。

顔型② 丸顔メンズ

太っている、顔が丸い、背が低いなど全体的に横への印象が強い男性の場合です。このような方には、サイドの髪を短めにして、頭頂部にボリュームを持たせるといった、縦への高さを感じさせるヘアスタイルをお勧めします。

動きのある短めショートがお似合いになるでしょう。バーバースタイルもお勧めです。横に膨らみやすいマッシュヘアなどはあまりお勧めできません。

自分に似合いやすい髪型を知っておく

顔型① 面長メンズ

髪はやや長さがあるといいです。耳上にボリュームをもたせる、耳後ろから髪を見せるなど、「横」の広がりを意識します

顔型② 丸顔メンズ

サイドの髪は短めにして、頭頂部にボリュームを出すことで、「縦」の高さを意識します。バーバースタイルもお勧めです

顔タイプ① 中性的メンズ

髪は全体的に長めのほうがいいです。ゆるいパーマやふんわりした丸いフォルムなど、ソフトな印象にするほうが似合います

顔タイプ② 男性的メンズ

サイドを刈り上げるなど、短髪の要素を入れます。強めのパーマや髪をガチッと固めるなど、ハードな仕上がりが似合います

顔タイプ① 中性的メンズ

顔が薄い、ジャニーズ系、優しそうなど中性的に見られやすい男性です。ゆるいパーマや、ふんわりした丸いフォルムの髪型が似合います。全体的に長めのヘアスタイルを選ぶのがよいでしょう。

側頭部を刈り上げてビシッとセットする男らしい髪型はあまり似合いません。

顔タイプ② 男性的メンズ

顔が濃い、エグザイル系、強そうなど男らしい印象の男性です。強めのパーマや、ガチッと固めたヘアスタイルが似合います。

全体的に長すぎず、側頭部を刈り上げるなどの短い要素を入れておくほうがお似合いになるでしょう。

ふんわり、ぼやっとした感じのヘアスタイルはあまり似合いません。

これらの傾向を押さえておくだけでも、髪型を検討するのにかなり役立ちます。

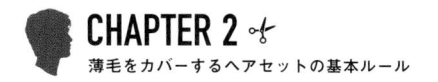

かっこよく見える髪型の基本

ヘアセットの３つのポイント

薄毛に悩む方へのお勧めの髪型は薄毛のタイプや進行具合だけでなく、その人の髪質やクセの有無、ライフスタイルや年齢などの生活環境にも左右されることから、判断がとても難しいとされています。

本書では大きくM字型、O字型、U字型、びまん型と４つの薄毛タイプに分類し、そのタイプごとに合わせたお勧めの髪型やヘアカットのオーダー方法をお伝えしていきます。

ただしその前に、多くの髪型の土台となる、ヘアセットの基本をお伝えします。

これを踏まえたうえで読み進めていただくと、理解が早いと思います。

まず知っておいていただきたいのは、多くの方がかっこよく見えるヘアスタイルには共通点があることです。バランスのよいヘアスタイルをつくる具体的なコツは次の３つです。

①ハチの部分の膨らみをなくすこと
②頭頂部にボリュームを持たせること
③襟足のボリュームを抑えること

では、順番に見ていきましょう。

①ハチの部分の膨らみをなくすこと

ハチ（頭部でもっとも出っ張っている部分。左ページの図を参照）の膨らみが目立つと、頭のシルエットが四角くなってしまい、あまりかっこいいとは言えません。

このハチの部分のボリュームを抑えていくことが、スタイリングの際の重要なポイントになります。

本書における頭の各部位の呼び方

横から見た頭部

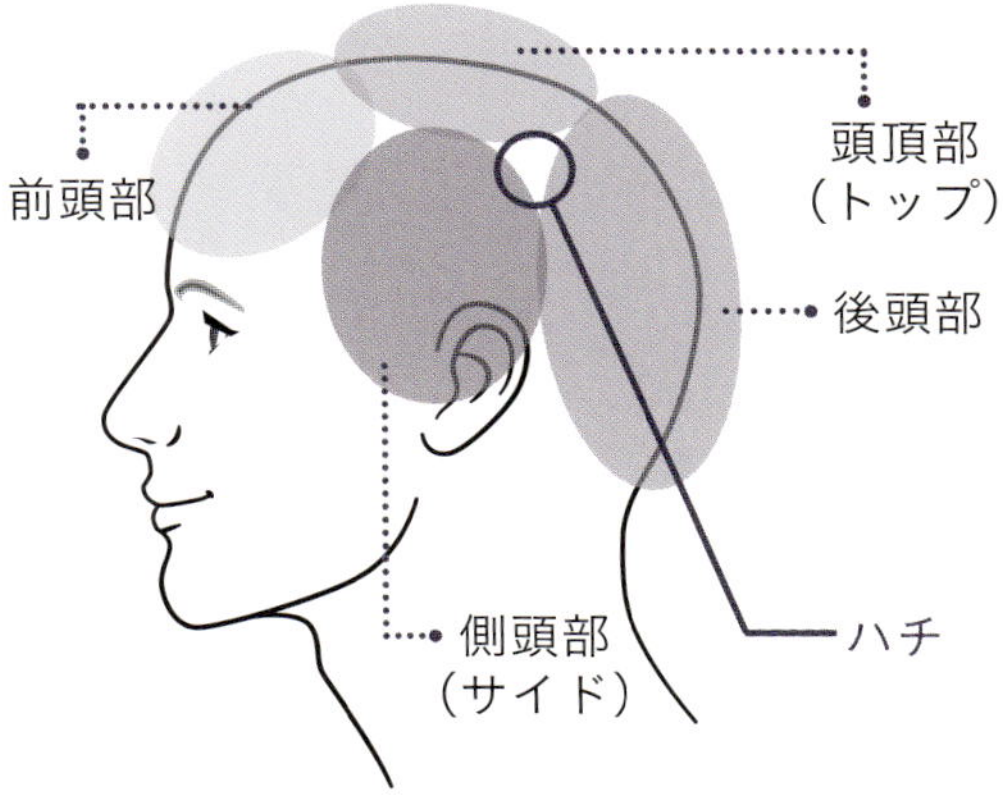

正面

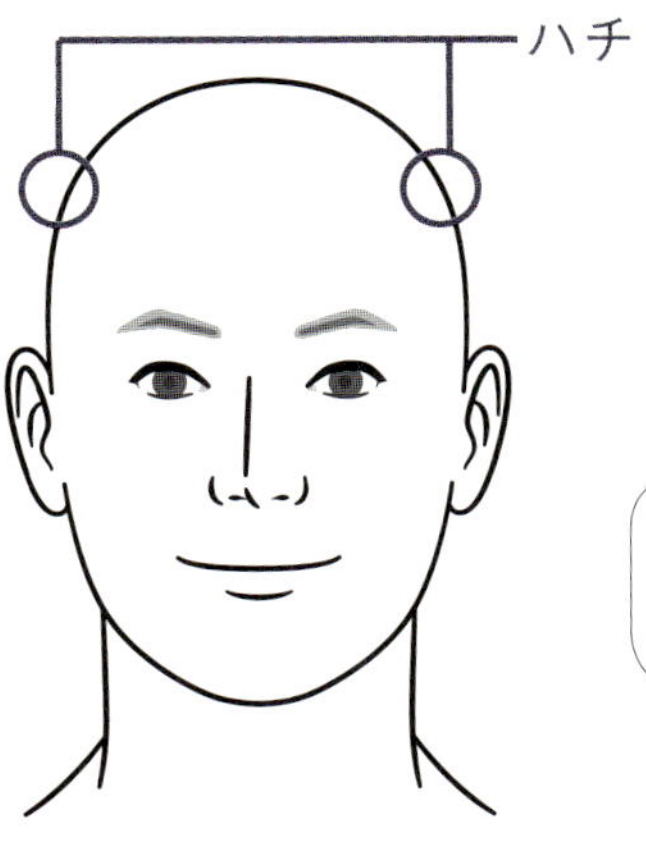

②頭頂部にボリュームを持たせること

頭頂部の髪がペタンと平らにならないようにします。正面から見たときに、サイドより、頭頂部のほうが髪のボリュームが大きい状態にすることが、バランスよくかっこよく見えるポイントです。

頭頂部の髪が薄くても、頭頂部にボリュームを出すことは可能です。頭頂部のボリュームアップのカギを握るのは、髪の「根元」の立ち上げです。

③襟足のボリュームを抑えること

ハチと同様、襟足にもボリュームが出ないようにします。

襟足は気がつくと髪が伸びて厚みが出てしまうのですが、ここのボリュームを抑えることで、薄毛の部分の髪が多く見えます。髪が多くなりがちな部分を少なく見せることで、薄毛の部分が目立たなくなるのです。

サイドと襟足はとくに膨らみやすいので気を遣っていきましょう。

カットオーダーの基本

薄毛部分を薄く見せないためのルール

次にカットオーダーのポイントについて見ていきましょう。

スタイリングがうまくいくためには、髪の長さが適切であることが重要です。ブローをしても髪型が決まらない場合は、必要な箇所の髪を切るか伸ばすかして調整するとぐっとかっこよくなるはずです。

詳細は個々の髪型ごとに説明するとして、ここではだいたいの髪型に共通する考え方を見ていきます（パーマをかける場合は除く）。

薄毛の方は、前頭部から頭頂部にかけて髪が細くなったり分量自体が減ってしまうため、必然的にサイドのほうが髪が多くなります。その結果、頭頂部などの薄毛

髪のボリュームは「頭頂部≧サイド」

AFTER

BEFORE

カットの様子。
サイドの厚みは、
頭頂部の厚みを超
えないようにする

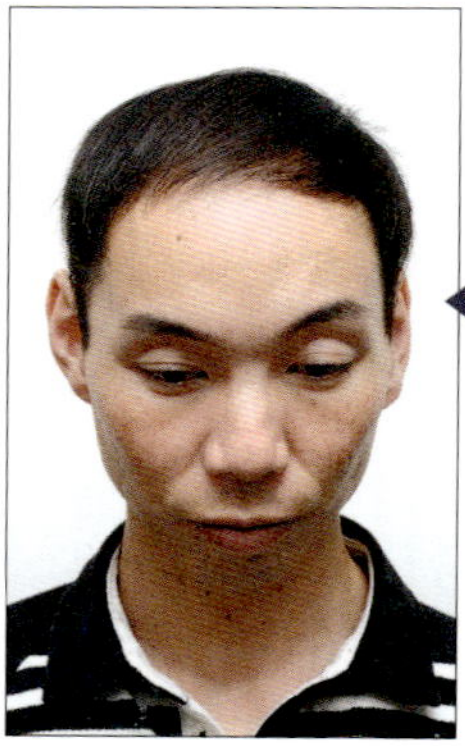

サイドの膨らみをなくし、
頭頂部にハチの髪をプラス

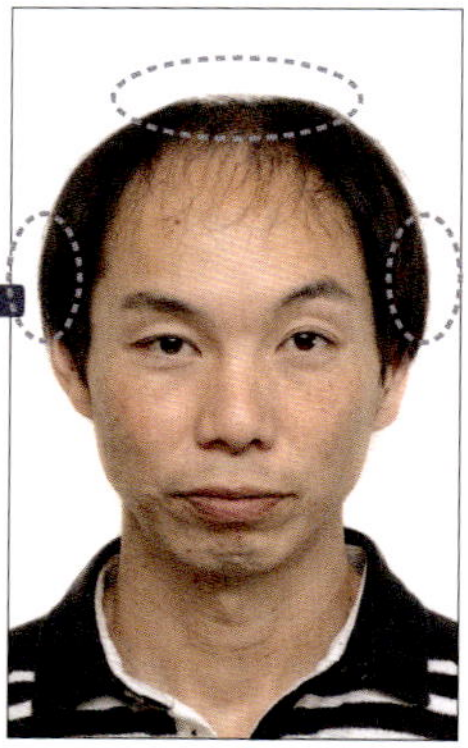

カット前。頭頂部よりサイドのほうが髪が厚いです

部分よりも、サイドのほうがボリュームが出てしまうために、薄毛の部分の髪の少なさが強調されてしまうのです。

そこで、かっこよく見せる最大のポイントは、このサイドの余分な膨らみを、カットしてとってしまうことです。

具体的には、頭頂部などの薄毛部分よりも、サイドのほうが髪のボリュームが小さくなるようにカットします（同じくらいでもいいです）。サイドの膨らみが小さくなれば、それだけ頭頂部の髪の薄さが目立ちにくくなります。

サイドと薄毛部分のボリュームを同じくらいにするオーダー方法は大きく2つあり

ます。

ひとつはスキばさみでしっかりサイドの髪をすいてもらい、量自体を減らす方法。

もうひとつはサイドの髪を自分的に可能な限り短くし（例えば、刈り上げてしまうなど）、地肌の透け感も利用して少なく見せる方法です。

スキばさみで軽くする方法は、物質的には軽くなりますが見た目にはあまり減って見えませんので、耳のあたりに多少膨らみがあるほうが似合う方に向いています。

ただし、薄毛を目立たなくする効果がより大きいのは、後者の自分の許せる範囲まで短くする方法です。サイドの地肌の透け感が出ることで、毛量が薄くなっている部分の色彩に近くなるので、髪が薄い印象が格段に少なくなるのです。

サイドの髪を短くできれば、あとはのちほど解説するやり方でスタイリングすれば、一気に薄毛の印象は弱まります。

前髪の長さを指定するときの注意点

ところで、ヘアサロンでカットするときに、「さっぱり短く」とか「前髪5センチくらいで」というオーダーをされる方がよくいらっしゃいます。

このような言い方だと、「薄毛をカバーしたい」という意図はなかなか伝わりにくいと思います。

「さっぱり短く」だと言葉通り全体的に短い髪になってしまうことが多いでしょう。

M字型の薄毛の方の場合、「前髪5センチくらいで」というオーダーでは、髪が残っているセンターの生え際からの5センチと、両側の後退した部分の生え際からの5センチでは毛先がそろいません。かえってM字が強調されてしまう可能性もあります。

オーダーする際には「M字の両側の部分だけがいつも短くなるから、センターより長めに残しておいてほしい」と言うほうが意図が伝わりやすいでしょう。

もしくは、のちほど説明するように「毛周期の短いところに合わせて切ってほしい」という言い方もあります。

具体的な長さを指示する場合は、「眉毛から何センチくらい」「おでこ半分」など、毛先の着地点を基準にオーダーするほうが安全と言えます。

ヘアセット前に準備しておくもの

まずはこれだけあればいい

ヘアセットを始める前に、準備しておくものをご紹介します。本書では、初めての方も気軽に取り組めるよう、最低限の道具で薄毛をカバーしていきます。

ドライヤー

ドライヤーであればなんでも構いませんが、高級なものより安価なもののほうが男性はヘアセットしやすい傾向にあります。高価なドライヤーの中には、ツヤを出したり髪をしっとり仕上げることができるものがあります。そのようなドライヤーは薄毛のセットには不向きです。カラッと乾く安価なものがお勧めです。

ハードワックス

・固形ワックス

ペースト状のワックスで、髪の毛同士をぴったりと接着します。そのため、毛束をつくったり髪のボリュームを抑えたりするのが得意です。

例えば、髪の多い側頭部にしっかりつけて髪を少なく見せることで、相対的に頭頂部などの髪の薄さを目立ちにくくできます。

ただし、髪が薄い部分は根元につけると束が出て地肌が透けてしまいます。薄毛部分では、根元を避けて毛先に少なめにつけることで、立体感を出す使い方ができます。

ワックス自体に重さがあるため、時間がたつと崩れやすいものもありますが、きちんとセット

デューサー ハードワックス 5（ナンバースリー）
固形ワックス。柔らかさと伸びの良さで抜群の使いやすさ。束感を出したり、余分な膨らみを抑えたり重宝します。キープ力も◎。（80g / 1400円）

固形ワックスの特徴

- ▶ボリュームダウン
- ▶毛束をつくりやすい（→髪が薄い部分では地肌が透けやすい）
- ▶修正しづらい
- ▶洗髪で落としやすい
- ▶フォーマルな印象

している感じを出すことができます。

・パウダーワックス

パウダー状のワックスで、髪の毛同士を「点」で留めていきます。髪にボリュームを出すことに秀でたワックスです。束になりにくいため、髪が薄いところにも直接振りかけて使えます。

髪を針金のように扱えるのが特徴で、いったんつけると、何度でも髪型を変更できます。

セット力が強く長持ちする一方で、仕上がりが軽く整髪料をつけていないように見えるので、カジュアルな印象になります。

シャンプーで落としづらく髪に残りやすいので、126ページの洗髪方法を参考にしてください。

オージス ダストイット
(シュワルツコフプロフェッショナル)
パウダーワックス。とくに髪が薄い部分のボリュームアップに最適です。ベタつかずに長時間キープできるのが嬉しい。
(10g / 1500円)

パウダーワックスの特徴
▶ボリュームアップ
▶毛束になりにくい (→髪が薄い部分でも地肌が透けにくい)
▶いつでも修正できる
▶洗髪で落としにくい
▶カジュアルな印象

なお、ハードワックスやソフトワックスといった、「ハード」「ソフト」の表記ですが、これは接着力の強さを示すものであり、固まるといった意味ではないので注意が必要です。固めたい場合は次の「ハードスプレー」がマストとなります。

ハードスプレー

最後の仕上げでヘアスタイルをキープさせるために使います。そのため「ハードスプレー」をチョイスします。正しく使用すると風や湿気でもヘアスタイルが崩れません。

ヘアスプレーを選ぶ際に重要なポイントが2点あります。

ひとつはしっかり固まること。

もうひとつはスプレーを使用しているのが周りに気づかれないことです。

スパイキー スタイリングスプレー ウルトラハード（イリヤコスメティックス）
最強に固まります。ハードスプレー特有のツヤが出にくく、がっちり固めていることが周りにバレにくい。（190g / 1500 円）

ヘアスプレーによっては、髪にツヤが出て仕上がりがキラキラしてしまうことがあります。そんなふうに「いかにも」な感じにならないように、ナチュラルにしっかり固まるハードスプレーを選びましょう。

テールコーム

柄の部分が尖ったコームです。髪を2つに分けたり逆毛を立てたりするのに便利ですが、本書では主に髪をボリュームアップさせたいときなど、最後の仕上げで使います。

テールコーム
図のような形状のコーム。100円ショップで入手できることもある。

手鏡

頭頂部が薄毛の場合、仕上がりを合わせ鏡にしてチェックします。自分で確認できれば大きさはどれくらいでもいいですが、持ち手つきで直径20センチほどあると見やすいです。前頭部の薄毛の方には必要ありません。

☑ ヘアセット前のプレシャンプーは必須

さっと泡立ててベタつきをとればＯＫ

下準備で一番大切なのは頭皮のベタつきをとっておくことです。

頭皮が寝汗や油分でベタついていたら、私たちプロでもうまくセットすることができません。

頭皮のベタつきは、頭皮にワックスがついていることと同じだと認識しておいてください。頭皮がベタついていると、髪同士がくっついて、より地肌の透け感が強調されてしまいます。また、ボリュームも思うように出ません。

ですから、ヘアセットをする前にまずすべきこと、それはシャンプーです。

ヘアセット前のプレシャンプーは、寝る前の1日分の汚れを取る洗髪とは異なるので、しっかりゴシゴシ洗う必要はありません。さっと泡だてて、しっかりすすぎましょう。これだけで仕上がりに雲泥の差が出ます。

「頭の洗いすぎはよくないのではないか」という質問もよくいただきますが、髪を1日に朝と夜の2回洗ったら髪が薄くなるなんてことは考えにくいですし、うまくセットができないストレスのほうがよほど髪に悪影響ではないかと考えます。

髪は濡れていると変形が可能になる

ヘアセットをするというのは、ただ髪が乾けばいいということではなく、「ボリュームを出す」、「ボリュームを抑える」、「毛先をはねさせる」など、通常の形を違う形に変えてかっこよく見せることです。

その作業で欠かせないのがドライヤーテクニックです。

ドライヤーを使わずにかっこよくしたいというのはなかなか難しい話です。

なぜなら、髪の毛は温めると形を変え、冷めると固まるという特性を持っているからです。プラスチックや鉄と同じようなものと考えてください。

髪は濡れると水素結合が切れ、変形が可能になります。乾いている状態では同じように変形させることはできません。また、ドライヤーの冷風で髪を乾かすことはできますが、変形させることはできません。

なので例えば髪のクセをしっかり伸ばしたい場合は、しっかり髪を濡らして、伸ばしたい髪を指で引っ張った状態で温風で乾かします。その後、少し冷めるのを待ってゆっくりと手を離してあげるとよく伸びます。

この温めて冷ますという工程は、髪を乾かすときの決まりごとなので、よく覚えていてください。

着替えは先に済ませておこう

ヘアセットを行う前には、着替えを済ませておきましょう。せっかくセットしても、着替えるときにヘアスタイルが崩れてしまうのでは、何をしていることやらになってしまいます。

さあ、それでは実際にヘアセットをしていきましょう。

ドライヤーでのスタイリングの基本

「毛流れ」を意識しながら乾かそう

では、プレシャンプーで濡れた髪の乾かし方を見ていきましょう。

ここで重要なのは、髪の「毛流れ」を意識することです。髪はすべてが同一方向に向かって生えているわけではなく、頭部の生えている箇所によって、生え方の方向に違いがあります。

乾かすときには次の2つの法則を常に頭に入れておきましょう。

- 毛流れに逆らって風をあてると、ボリュームアップする
- 毛流れに沿って風をあてると、ボリュームダウンする

乾かしながらしっかり髪をクセづけする

薄毛が目立ちにくい自然な髪型を実現するには、このドライの段階が肝となります。前述したかっこよく見える髪型の共通点である、「ハチの部分のボリュームダウン」と「頭頂部のボリュームアップ」をしっかり行っていきます。

まずはハチの部分のボリュームダウンです。

ハチの髪は後ろから前に向かって生えているため、ボリュームを抑えるためには、後ろから風をあてる必要があります。そこで、下を向いてドライヤーの温風を後ろからあてるようにします（56ページ参照）。

間違えて顔のほうからバーっと温風をあてて乾かすと、ハチ部分がボリュームアップしてしまうのでくれぐれも注意してください。

このとき強風を使って乾かしていくのがポイントです。

右手にドライヤーを持っている場合、左手でハチの髪が頭頂部に向かって集まるように押さえながら風をあてましょう。

全体の6〜7割ほど乾いたら、次は頭頂部にボリュームを出していきます。

この段階でハチの髪は頭頂部のほうへ集まっています。そして、ハチから集まった髪も、もともと頭頂部に生えている髪も、後ろから前に向かって生えています。

ここにボリュームを出すためには、今度は毛流れに逆らって、前（顔）のほうから温風をあてる必要があります。

下を向いていた顔を上げて正面を向き、頭頂部の髪を左手で真上へ引っ張り、その根元に中風で熱をあててください。これで髪の根元が立ち上がります。

その後、ゆっくりと手を離すと、ちゃんと頭頂部にボリュームが出ます。

ここまでで、ドライヤーによるスタイリングは完成です。慣れてくると3分くらいでできてしまいます。あとはワックスも使いながら全体と前髪を整えて、最後にスプレーで固めます。これはのちほど紹介していきます。

なお、ワックスやスプレーは通常は補助的に使うものです。ドライヤーでしっかりスタイリングされた状態で使うのと、ただ乾かした状態で使うのでは、耐久性が

薄毛を目立ちにくくする髪の乾かし方

動画
トップの
ボリュームの
出し方

1
ハチ付近の髪を頭頂部に集めていく
ハチ

プレシャンプー後、髪を乾かしていきます。下を向いて、後頭部から温風をあてましょう。ハチ付近の髪を頭頂部に向かって押さえながら乾かします

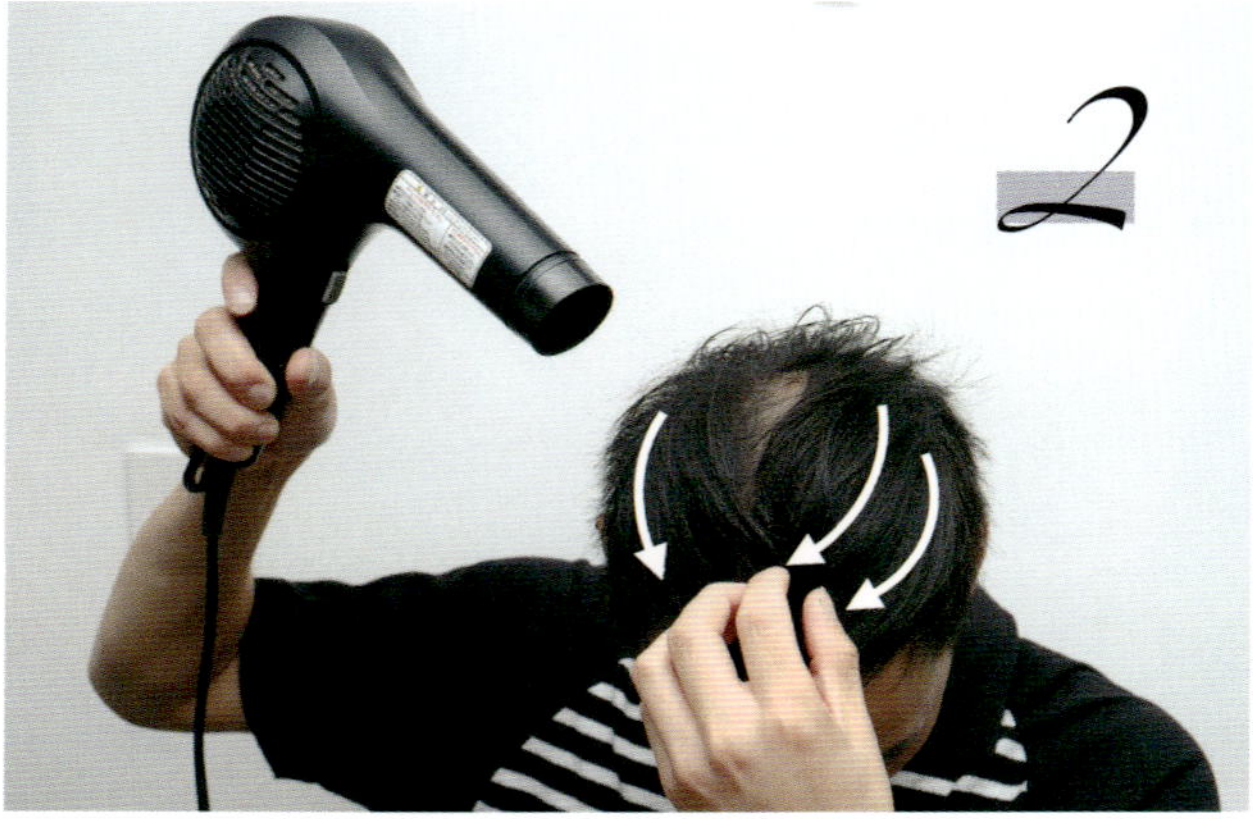
2

上から見た様子です。髪が多くて膨らみやすいハチ方面から髪が少ない頭頂部、前頭部に髪が集まってきます

3

根元に前から
風をあてる

全体の６〜７割が乾いたら、頭頂部にボリュームを出していきます。頭頂部の髪を真上に引っ張り、その根元に前から風をあてましょう。これは、頭頂部の髪が後ろから前に向かって生えているためです

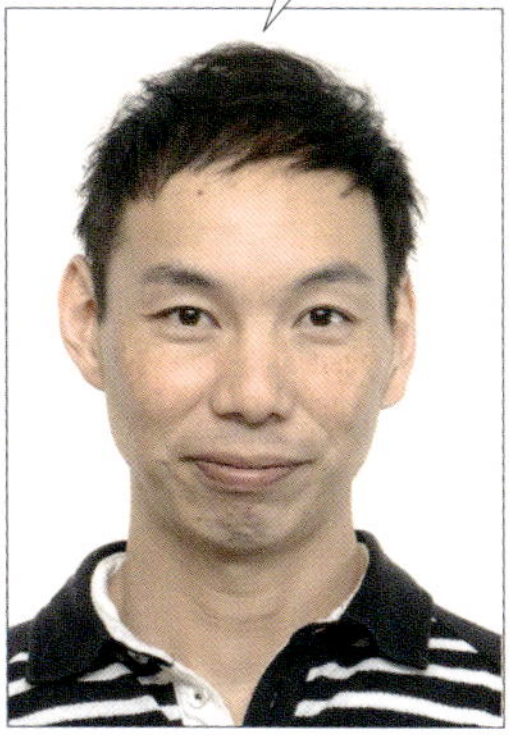
スタイリング
剤で整えると
こうなる

4

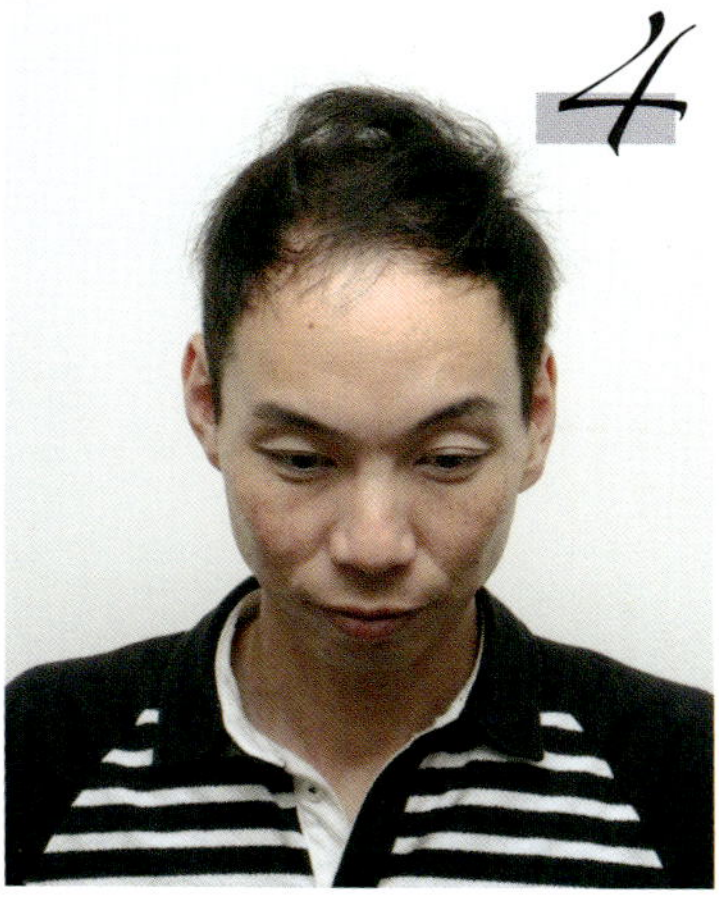

ゆっくり手を離すと頭頂部に
ボリュームが出ます

まったく違ってきます。乾かすときには必ずスタイリングも一緒に行いましょう。

後頭部がやや薄くなってきたら

なお、薄毛というほどではないけれど「最近、つむじのあたりがちょっと薄くなってきたかも……」と感じている方もいるでしょう。

そういう場合は、乾かすときにちょっと工夫が必要です。

まず薄くなってきた箇所の髪を根元から指でしっかり挟みます。

次に反対の手でドライヤーのノズルをギリギリまで頭皮に近づけてください（近づきすぎて熱さを感じたらすぐに頭皮から離してください）。

そして、ドライヤーを近づけたまま、先ほど根元からしっかり髪を挟んだ状態の指を上にスライドしていきます。

その際、指のスライドに合わせてドライヤーも動かすとなお効果的です。

この動作の繰り返しで、髪が薄くなっている部分の根元がしっかりと立ち上がり、ボリュームを出すことができます。あとはスプレーで固めましょう。

薄くなり始めた後頭部のカバー

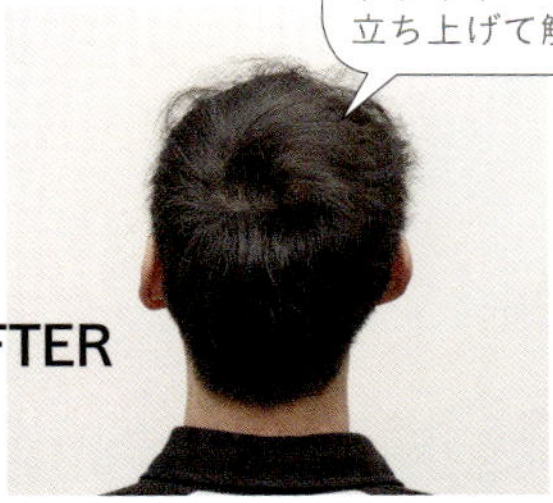
ドライヤーで髪を
立ち上げて解消

AFTER

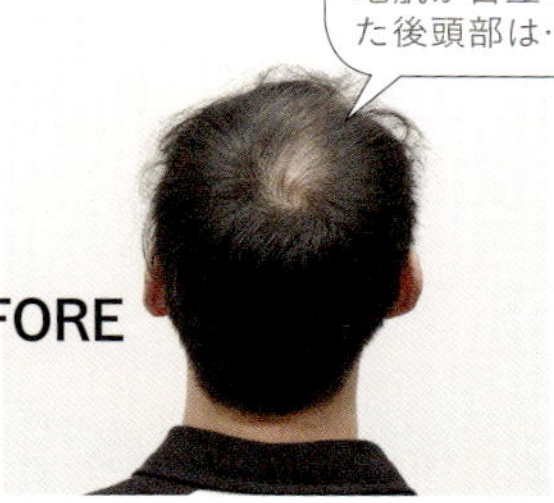
地肌が目立ち始め
た後頭部は…

BEFORE

ドライヤーを近づけたまま、
この動作を繰り返す

1

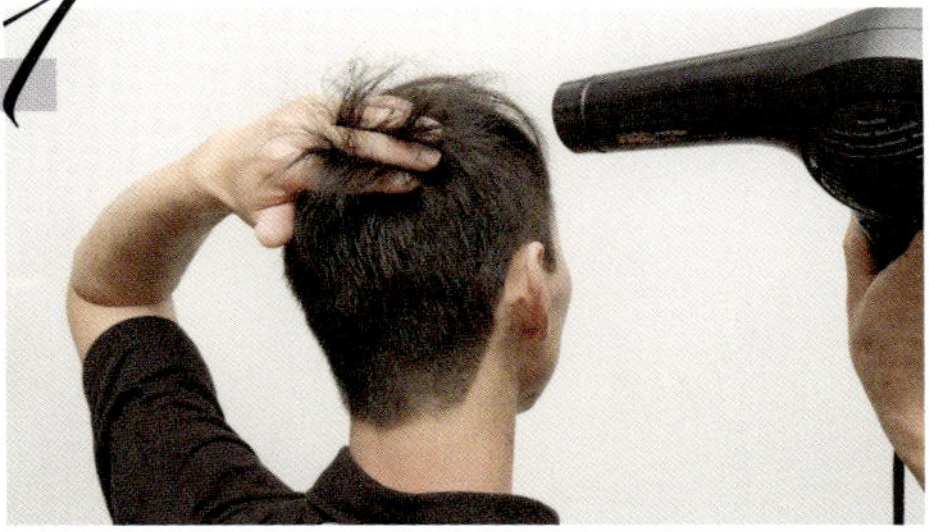

薄毛部分の髪の根元を指でしっかりと挟みます

2

ドライヤーも
一緒に動かす

髪を挟んだまま指を上にスライドさせます

髪のボリュームダウンの基本

固形ワックスの効果的な使い方

薄毛の男性が髪を切ろうと思うタイミングは、「前髪が割れてきたから」や「トップのボリュームがなくなってきたから」などあります。

なかでも、多く耳にするのは、「横の膨らみが気になってきたから」です。

髪が伸びてきたらワックスを使わないという方も多いですが、実は側頭部のいらないボリュームを抑えるためにこそ、固形ワックスを使ってほしいと思います。

左の写真はその例です。髪を切ったわけではなく、固形ワックスで側頭部のボリュームを抑えています。髪を切りに行っている時間がないときの応急処置として、ぜひ覚えておいてください。

上の写真は、側頭部の髪が伸びて膨らみすぎており、さらに頭頂部に高さがないために頭のシルエットが横長になっています。下の写真は固形ワックスで横の膨らみを抑え、頭頂部に束をつくって高さを出すことで髪型を整えています。

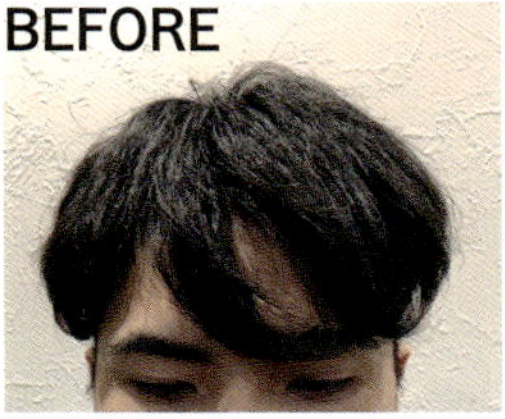

サイドの髪が大きく膨らみ、頭頂部も寝ているので、頭が横長に見えている

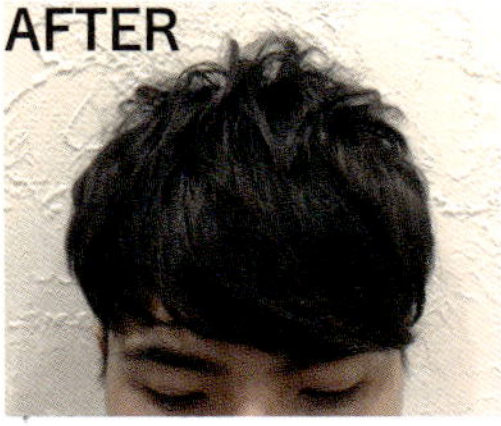

サイドの膨らみを抑え、頭頂部に高さを出したのでタイトなシルエットに

具体的なセットのやり方

手順はまず、中指の第一関節くらいの量の固形ワックスを取り、両手のひらと両手の指すべてになじませます。

次に、髪の量が多い後頭部と膨らみやすい側頭部の根元付近にもみこみます。

固形ワックスはつけた部分に束が出るため、根元に束感を出して適度に地肌が見

固形ワックスの使い方

1

使用する固形ワックスの
分量は、中指の第一関節
分くらいです

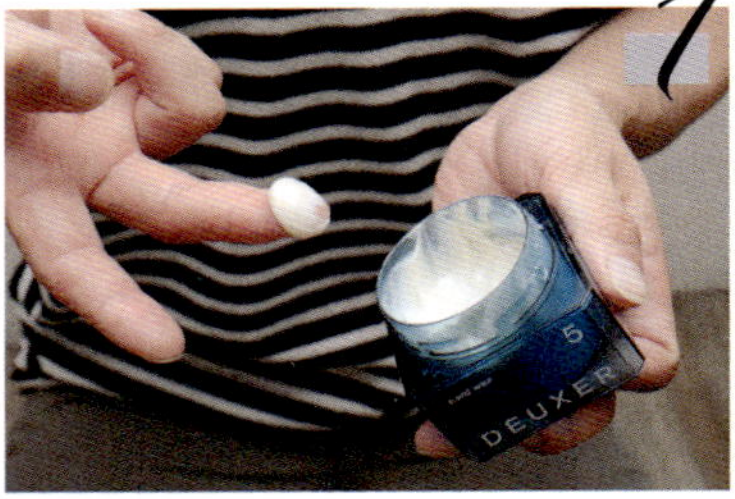

2

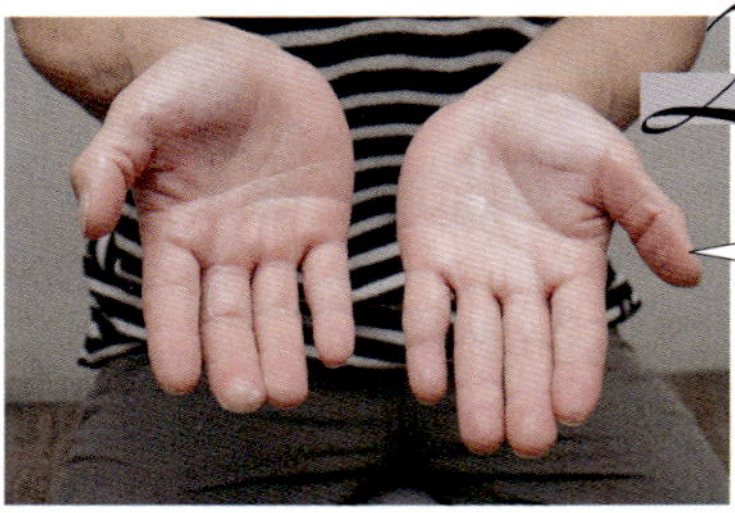

見えにくいけど
しっかり
なじんでいます

両手のひらと両手の指
すべてになじませます

3

ガシガシ
揉み込んで
OK

手に一番ワックスがある状態で、髪の量が多い後頭部に、髪の根元からしっかり揉み込んでボリュームを抑えていきます

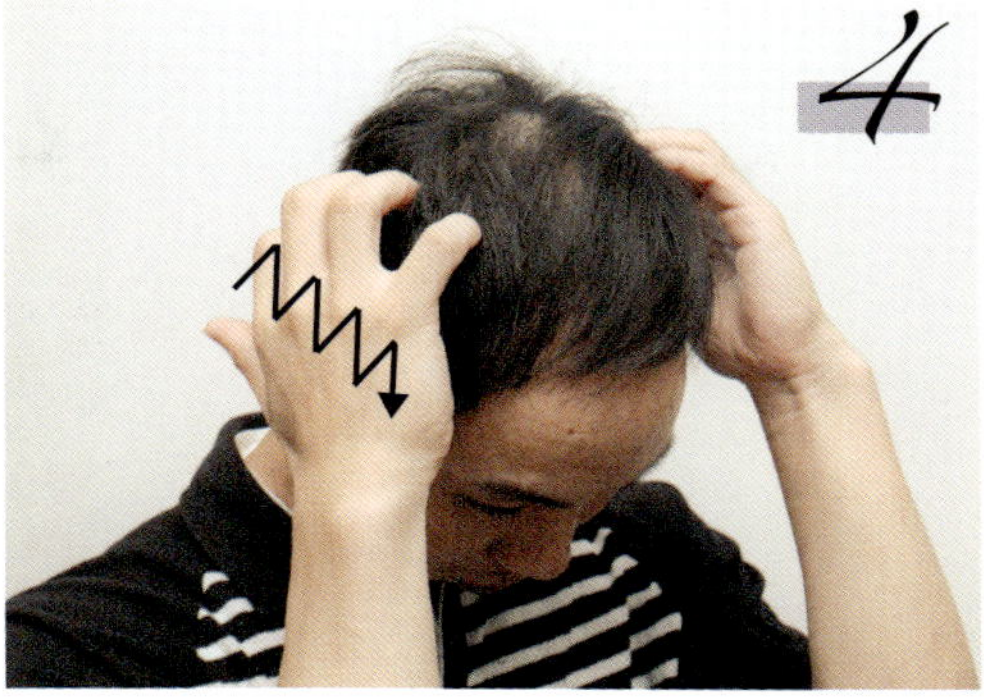

側頭部は、ハチを含む耳周りを押さえながら、顔のほうに向かってタイトにしていきます。最後は前に髪の毛を持ってきてください。手をジグザグに動かしながら揉み込むと効果的です

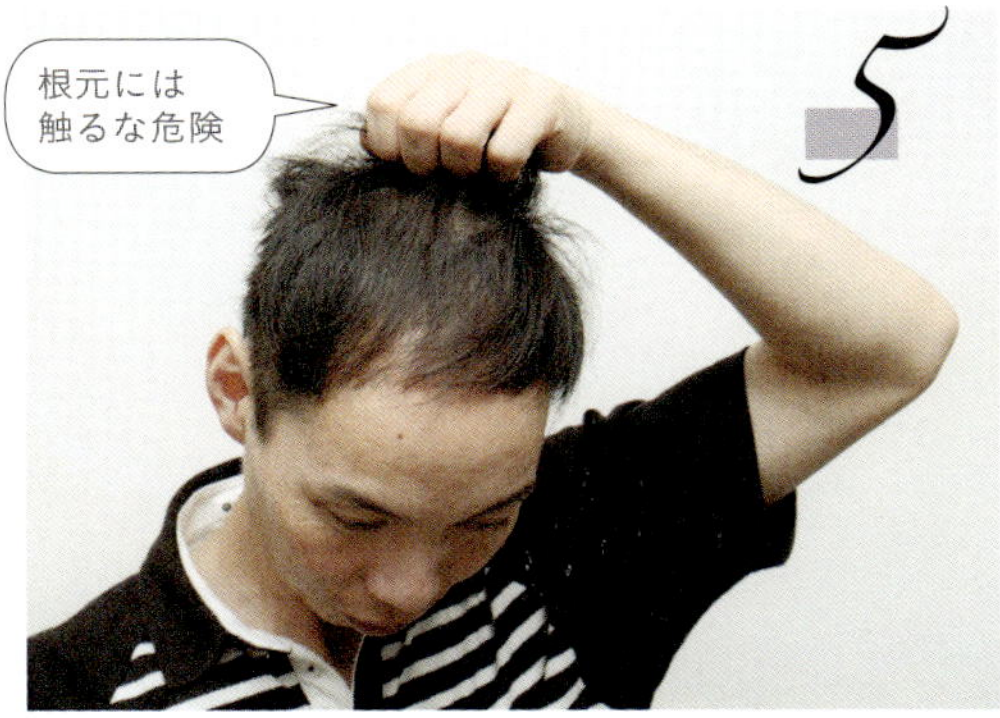

頭頂部は髪の先端側の半分を「握っては離す」を繰り返して高さを出していきます（このときせっかく立ち上がっている髪の根元に触らないように注意してください）

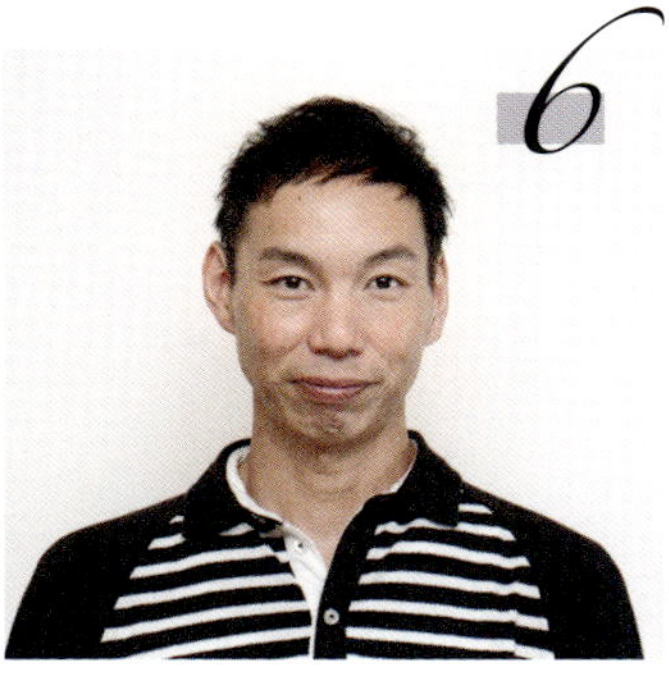

後ろと横はスッキリさせ、頭頂部には高さを出せたことでバランスよくまとまりました（前髪の整え方は p82 で紹介します）

えるようにすることで、後頭部と側頭部の髪を少なく見せられます。

側頭部は、ハチを含む耳周りから斜め前方の顔のほうに向かって、手をジグザグ動かしながらタイトにしていきましょう。

頭頂部は、髪の先端側の半分を「握って↓離す」を何度か繰り返しながら、前方へ移動していきます。頭頂部で注意が必要なのは、ワックスが根元につかないようにすることです。根元につくとボリュームダウンしてしまいます。

毛先側にだけつけることで、ボリュームを損なうことなく高さを出せるのです。

最後に、手に残ったワックスで前髪を整えます。M字型の場合はとくに、前髪の根元付近にワックスがつくとM字部分が割れる原因になるので、「毛先のみ」つまむようにつけて流したい方向に流します（87ページ参照）。

最後にハードスプレーをすれば完成です。

ポイントは、触る順番によって手に残るワックスの量を調整して行くことです。最初にボリュームを抑えたい部分に多めにつけて、ボリュームがほしい部分や割れたくないところは残りのワックスでスタイリングしていくとちょうどいいです。

髪のボリュームアップの基本

パウダーワックスの効果的な使い方

頭頂部のボリュームアップには、前項で説明したとおり、固形ワックスを髪の毛先側につけて束をつくることがひとつの手です。

ただし、頭頂部の髪が薄くなっている場合、毛が細くて立ち上がりにくい方が多いです。そういう場合にはパウダーワックスが便利で、使い方も簡単です。

具体的なセットのやり方

パウダーワックスは乾いた髪に使用します。

ボリュームがほしい部分の10センチくらい上の高さから、塩コショウを振りかけるようにかけます。出しすぎに注意が必要ですが、容器を持ち手の指でトントンと叩くと適量出やすいです。

・基本的な使い方

例えば、つむじをボリュームアップする場合の手順は次のとおりになります。

つむじの上からパウダーワックスを3~5回振りかけて、指で髪の根元になじませます。その部分を繰り返しつまんでいくとボリュームが出ます。つむじから髪が吹き出ているような状態になります。

パウダーワックスの使い方 / 基本

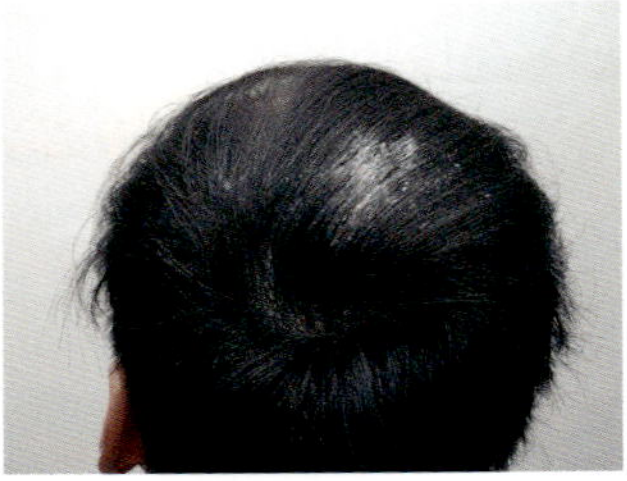

1 髪が乾いた状態で、つむじ周辺に3～5回ほどパウダーワックスを振りかけます

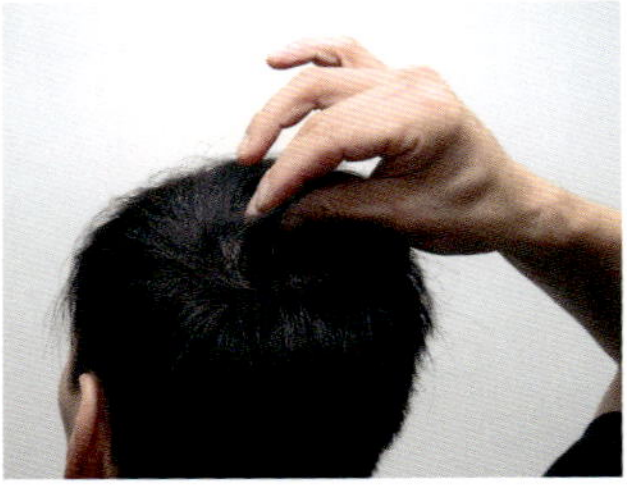

2 指で髪の根元になじませたら、その部分を繰り返しつまんでいきます

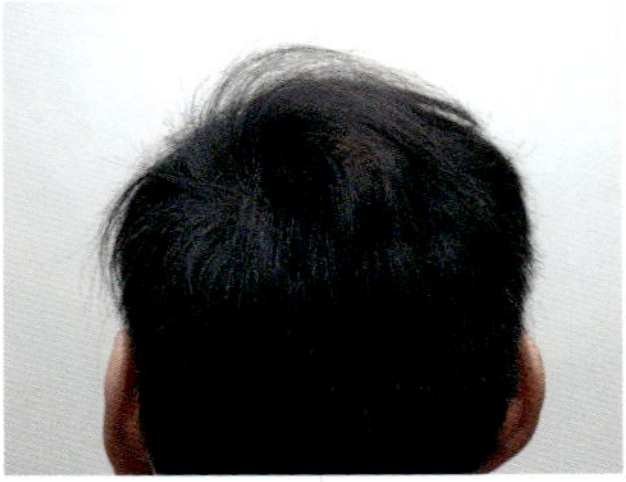

3 つむじから噴き出るようなボリュームが出せます

・応用的な使い方

より大きくボリュームアップしたい部分には、ボリュームを足したい部分の髪をめくってその根元に直接パウダーワックスをふりかけます。

そのうえで、毛流れにさからうように手ぐしを入れたり、左右からくしゃっと揉み込むと根元がしっかりと立ち上がります。

68ページは、頭頂部をボリュームアップすることで高さを出している例です。

ボリュームダウンにも使える

パウダーワックスは、ボリュームを出すのに秀でたワックスですが、ボリュームダウンにも活用できます（とはいえ、固形ワックスがないときの代用くらいに考えてください）。

振りかけ方はボリュームアップの場合と同じで、直接ボリュームを抑えたい場所に振りかけます。ボリュームアップと異なるのは、その後、髪をつまむのではなく、毛流れに沿って押さえつけていく点です。

パウダーワックスの使い方 / 応用

1

より大きくボリュームを出したい部分の髪をめくって、その根元に直接パウダーワックスを振りかけます

BEFORE

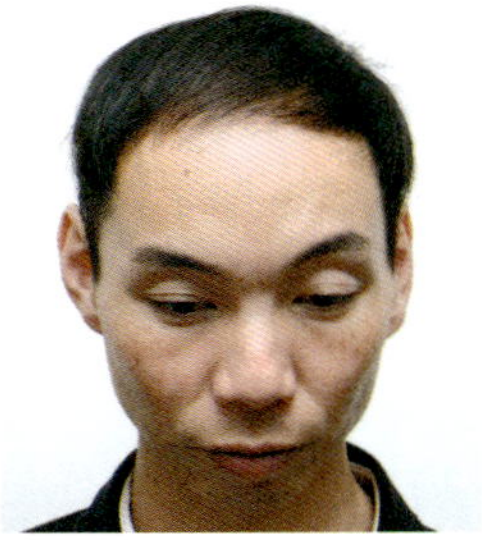

頭頂部の髪がペタンと平らになっています

2

パウダーワックスを振りかけた部分に、手ぐしを入れたり、左右からくしゃっと揉み込んで、根元を立ち上げます

AFTER

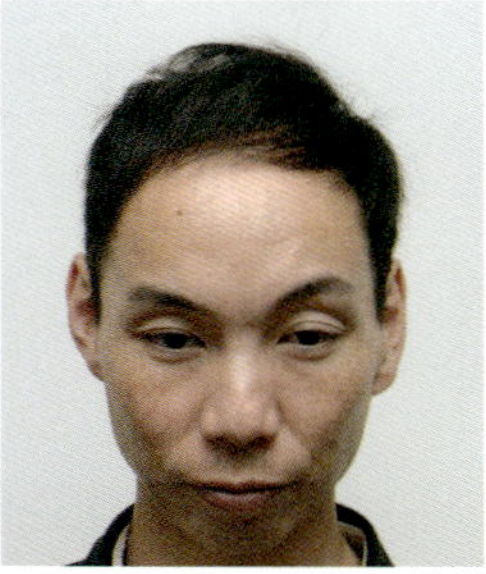

頭頂部に高さが出て、雰囲気がガラッと変わりました

頑固なボリュームを抑えたい場合には、その部分の髪をめくって根元にパウダーワックスをかけ、しっかり押さえます。これで髪の根元が寝てくれるのでボリュームを減らせるのです。

なお、パウダーがついている髪はキシキシするため、強く握ったり、無理に擦り合わせたりすると絡まりの原因になります。この点に注意してください。

☑ 最後の仕上げ、ハードスプレーの使い方

しっかり固めて1日持たせるために

いよいよこのあと、髪型別のヘアアレンジを紹介していきますが、多くの髪型は、最後にヘアスプレーを使います。

これは、せっかくアレンジした髪型が風などで乱れないようにするためです。

正しい使い方を知って、1日キープできるようにしておきましょう。

ワックスでヘアスタイルを整えたら、ハードスプレーをかけて仕上げていきます。

頭から20センチ以上離れた位置からかけるのがポイントです。

スプレーを持った手を伸ばして、頭上を2周する程度ふきかけてください。

頭に近すぎるとスプレーの粒子が髪についたときにキラキラ輝き、髪の毛同士も

くっついてしまいます。

しっかり固めたい時は一度に長時間スプレーするのではなく、乾いたらもう一度固めるなど2回に分けて固めてあげると自然に仕上がります。

ボリュームが足りないところをフォロー

この最後のタイミングで、頭頂部など、さらにどこかにボリュームを足したいときにはテールコームの出番です。

ハードスプレーした直後（スプレーが乾く前）に、テールコームの柄の部分を、ボリュームがほしい部分の根元に、地肌につけながら滑らせて差し込みます。

そのまま、ほんの何ミリか毛先のほうにコームの柄をずらしてグッと根元を押し上げてください。その状態を2〜3秒キープし、スプレーが乾くのを待ってゆっくりと抜きます。そうすると、その状態で髪が立ち上がります。

この一手間でさらにボリュームを足すことができます。

さらにボリュームを足す方法

ハードスプレーをした直後、テールコームの柄の部分をボリュームがほしい部分の根元に差し込みます。差し込んだコームの柄を、数ミリだけ毛先のほうへずらして、グッと髪の根元を押し上げます

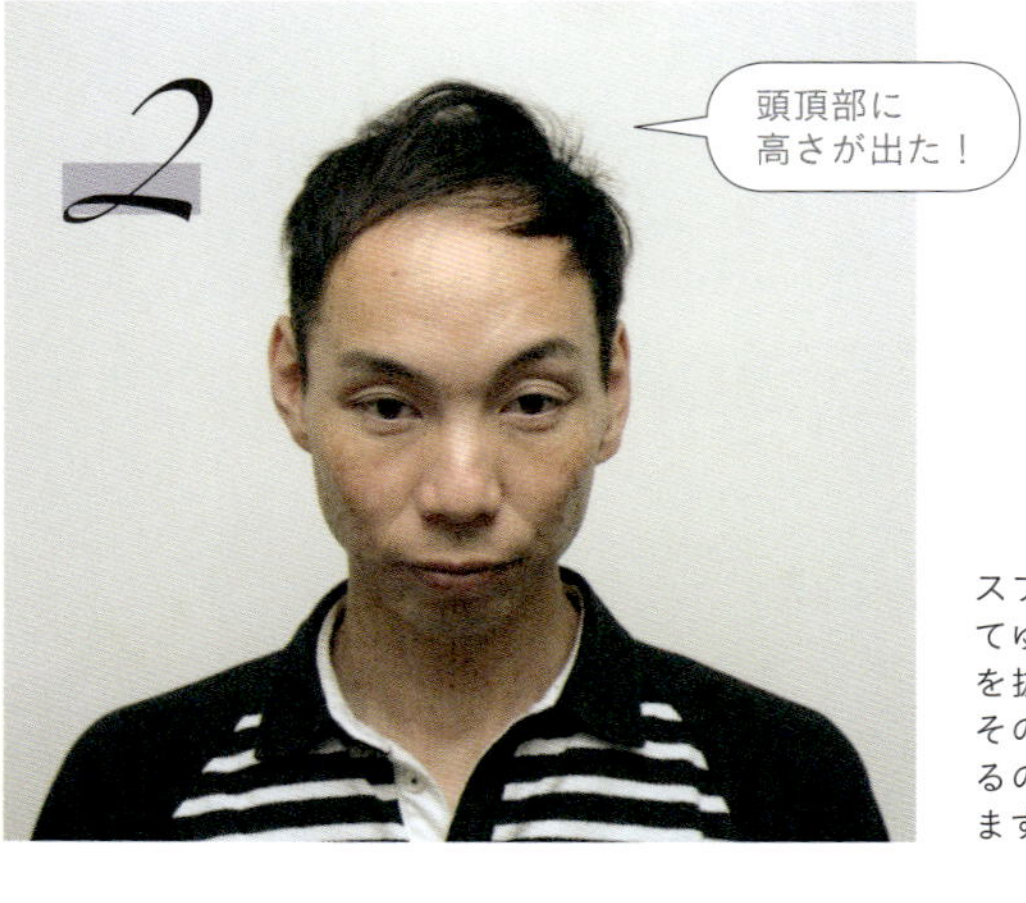

スプレーが乾くのを待ってゆっくりとコームの柄を抜きます。髪の根元がそのままの形で立ち上がるので、ボリュームが出ます

梅雨時、夏場に押さえておきたい！

また、髪の毛は湿度が高くなるとヘアデザインがキープできず崩れやすくなります。

これを最小限にとどめるためには、湿度に対して強いキープ力がある、油性分のヘアスプレーやヘアワックスを使用することです。

具体的には、ハードスプレーとパウダーワックスです。

ハードスプレーはまんべんなく髪の毛をコートする作用があり、パウダーワックスは根元付近からつけてもスタイル崩れが起きにくいからです（ただし、スタイリング剤は汗と混ざり合うと汚れが落ちにくいため、しっかりとした、すすぎ、シャンプーを心がけてください）。

逆に水溶性のジェルやグリースなどは熱に弱く、夏場の汗をかく時期は溶けやすいため、ヘアデザインが崩れやすくなります。

梅雨時や夏には、この点に注意してスタイリング剤を選ぶとよいと思います。

CHAPTER 3

〈薄毛のタイプ別〉

お勧めの髪型とスタイリング

☑ M字型薄毛にお勧めの髪型とスタイリング

M字型薄毛の特徴

剃り込み部分がMの形に後退することから呼ばれるようになったM字型薄毛。薄毛に悩む男性で一番多いパターンがこのM字型薄毛です。

M字型薄毛の特徴として、多くの方に毛周期の乱れと生え際の後退が見られます。

側頭部の髪は通常の毛周期で元気に伸びますので、毛周期が乱れ細くなっている前頭部と、そうでない部分の差をいかに縮められるかがヘアスタイルづくりのポイントとなります。

M字型薄毛にお勧めの髪型

・ショートスタイル

前髪を短くして分け目をつくらないスタイルです。前髪を右から左（あるいは逆）に流すのが主流です。男性的な顔立ちの方や、M字以外の部分も全体的に毛量が少なめの方にお勧めです。

・ミディアムスタイル

前髪をやや伸ばして極力センター付近に分け目をつくり、左右のM字を長さでカバーするヘアスタイルです。中性的な顔立ちの方にお勧めです。M字以外の部分はしっかりと毛量がある場合につくりやすい髪型です。

M字型薄毛のカットオーダーのコツ

▼前髪は短くするほうが目立ちにくい

M字型の方に多く見られる悩みのタネが、剃り込み部分の「割れ」です。剃り込み部分が割れないセット方法はのちほど説明しますが、割れにくいカットも存在します。それは前髪を短くすることです（長い場合の対処法はのちほど）。

理由はいくつかありますが、まず前髪が長いと割れた時のリスクが大きくなります。前頭部は、「髪と髪の間」から見える地肌の面積の大きさで、割れているという印象の強さが決定します。

そのため同じ角度で割れたとしても、前髪が長いとかなり地肌の印象が強くなり、前髪が短いと前髪の間から地肌が見える面積は少なくてすみます。

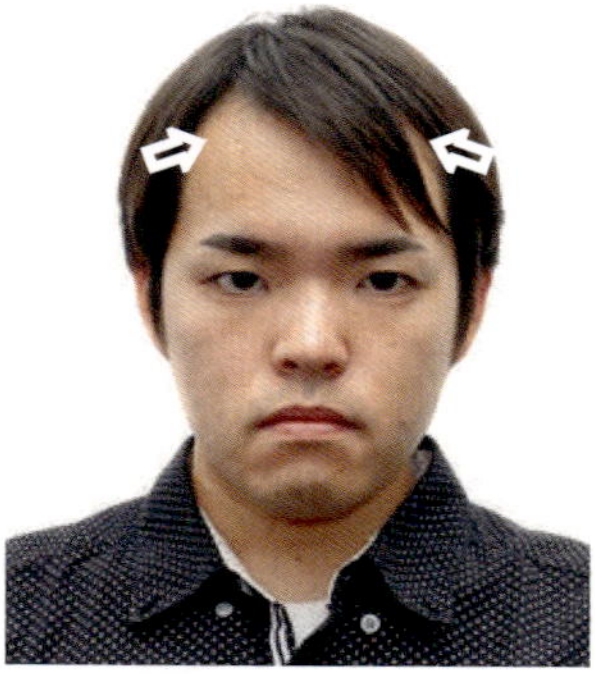

前髪が長いので、髪と髪の間から見える地肌の面積が大きくなっています

前髪を短くすると、髪の割れが目立たないので、髪と髪の間の地肌の面積が小さくなります

また、前髪を短くすることで、不規則になった毛周期を一定の長さで揃えることが可能になります。

前髪の毛周期が乱れると短い毛が増えます。そのため前髪を伸ばし気味にすると、長い毛がまばらな印象になってしまい、髪の少なさが強調されてしまうのです。

そこで、前髪の長さを短い毛に合わせると、前髪にしっかり厚みがある状態をつくることが可能になります。

伸びる毛と伸びない毛がまばらになっています

毛周期の乱れで、長く伸びる髪と、一定以上伸びない短い髪がまばらになっています

長さを揃えるとスッキリ整います

短い髪に長さを揃えてスッキリ。前髪に厚みもできました

オーダーする際には、前髪を濡らしてしっかり前におろし、毛周期の短いところに合わせてカットしてもらいましょう。自分でもお風呂上がりなどにチェックして、前髪を何センチ切ってもらうか確認してみるとよいかもしれません。

こうしてつくった短い前髪を、左右どちらかに流すのが、ベーシックな前髪の整え方です。

▼前髪を横に流す場合はアシンメトリーに切る

M字型は必ずしも左右対称に髪が減っていくとは限りません。

前髪を切る際は、髪を流したい方向、あるいはカバーしたい方向に向かって長めに切ってもらうことをお勧めします。

髪の毛は短いほうから長いほうへ流れる習性があります。そして流れた方向に厚みができます。セットする際は自然と前髪がそちらに流れるため、非常に楽になります。

▼前髪を長くする場合は分け目が必須

前髪を長く残したい場合は、真ん中付近から分けられるようなヘアスタイルをオーダーしましょう。前髪が長いのに分け目をつけず片方へ流すヘアスタイルは、風などにとても弱いのでお勧めできません。

崩れにくくするためには、髪の乾かし方がかなり大事なので、85ページをご覧ください。

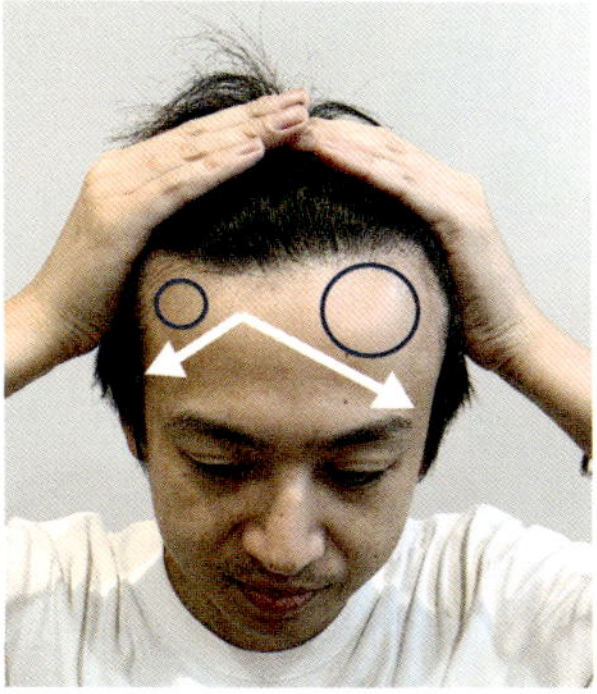

写真は向かって右のおでこのほうが広い例。カバーしたいこちらの方向に向かって前髪を長めにします

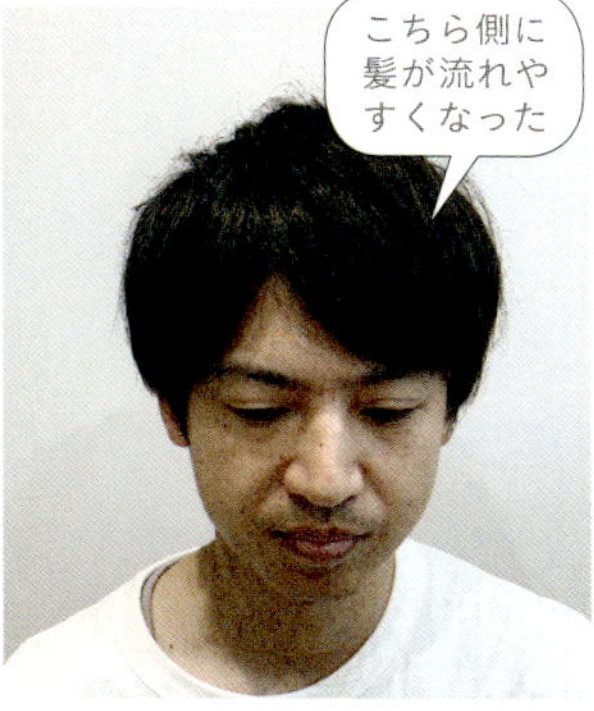

前髪を長くしたほうへ自然と髪が流れて、厚みが出ました

耳周りや襟足はM字部分に直接影響がない部分なので、前髪の長さに合わせてバランスを見てもらうとよいでしょう。

M字型薄毛のスタイリング方法

M字型薄毛は、前髪のブローやセットが主なポイントになります。ここではショートスタイルとミディアムスタイル、長さが違う2つのパターンを紹介します。

▼ドライヤー編

53〜59ページを参照して、まずは基本のスタイリングを行います。

このとき頭頂部の髪は立ち上がった状態ですが、前からあてた風で毛先が後ろに倒れています。そこで毛先部分を前方に寝かせるために、再度、温風を後ろからあてます。根元に風があたらないように注意しながら、毛先をなでるように風をあてて、後ろから前へ流します（84ページ参照）。

それから、まだほんのり湿っている前髪を仕上げていきます。

鼻の真上にあたる中央部分の前髪をドライヤーを持っている反対の手で握り、その握っている髪の根元の1〜2センチに前からしっかり温風をあてて立ち上げます。そして、冷風で固めます。

薄毛を気にする方は前髪をおでこにへばりつけて乾かしがちですが、それはタブーです。前から風をあてて、おでこと前髪の間に隙間をつくることが重要なのです。

この隙間によって、額から出る皮脂や汗といった、前髪が割れる原因の影響を最小限に抑えることができます。初めは勇気がいりますが、1日割れない前髪に仕上げましょう。

ここから先は、ショートスタイルとミディアムスタイルでやり方が変わります。

・ショートスタイル

前髪を流したい方向へと下ろしながら乾かします（次ページの写真参照）。冷風で固定しましょう。髪の根元には風があたらないように注意しましょう。

M字型薄毛の方の前髪の乾かし方

基本のスタイリング後、頭頂部の髪の「毛先」になでるように温風をあてて、前方に寝かせます。髪の根元には風をあてないように注意してください

1
毛先をなでるように

おでこと前髪の間に隙間をつくる
2

前髪は温風で根元から立ち上げ、冷風で固めます。おでこと前髪の間に隙間をつくることで、前髪を割れにくくします

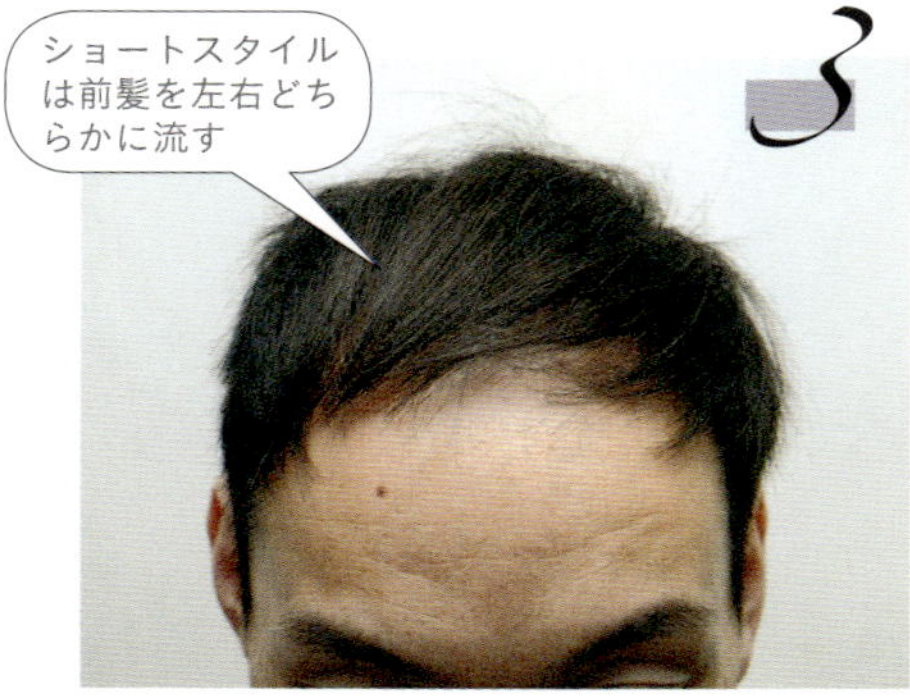
ショートスタイルは前髪を左右どちらかに流す
3

前髪を整えていきます。この写真は「ショートスタイル」の場合。前髪を左右どちらかに流しながら温風で乾かし、冷風で固定します。髪の根元には風をあてないように注意してください（「ミディアムスタイル」はp86をご覧ください）

・ミディアムスタイル

前髪を長めにして真ん中付近に分け目をつけるスタイルです。

まだ前髪が濡れている状態で、左右のＭ字の後退部分を前髪の長さでカバーすることを想定して分け目の位置を決めます。その後、前述のやり方で前髪をある程度乾かしてから、実際に分け目をつけます（最初から分け目をつけて乾かすと、分け目の部分にボリュームが出ず、ぺたんこになってしまうからです）。

こうして前髪に分け目をつけた段階では、まだ左右に分けたそれぞれの前髪とサイドの髪の間で、地肌が見えていることが多いです。そこで、サイドの髪を顔のほうへ引っ張って伸ばし、サイドの髪と前髪を一体化させていきます。

前髪とサイドの髪がともに前方に向かっている状態ができたら、前髪とサイドの髪を合わせた髪の「毛先」のほうを、左右それぞれ後ろに流します。

つまり、髪の「根元」は前に、「毛先」は後ろに向かうわけです。

これを横から見るとひらがなの「つ」のように見えます。

この「つ」をつくって乾かすことが前髪が割れにくくなるポイントです。

M字型薄毛の方の、長めの前髪の乾かし方

1
前髪とサイドの
髪の間に地肌が
見えている

前髪が濡れている状態で左右のM字をカバーできる分け目の位置を決めます。その後、分け目をつけずにある程度乾かしてから、実際に分け目をつけます

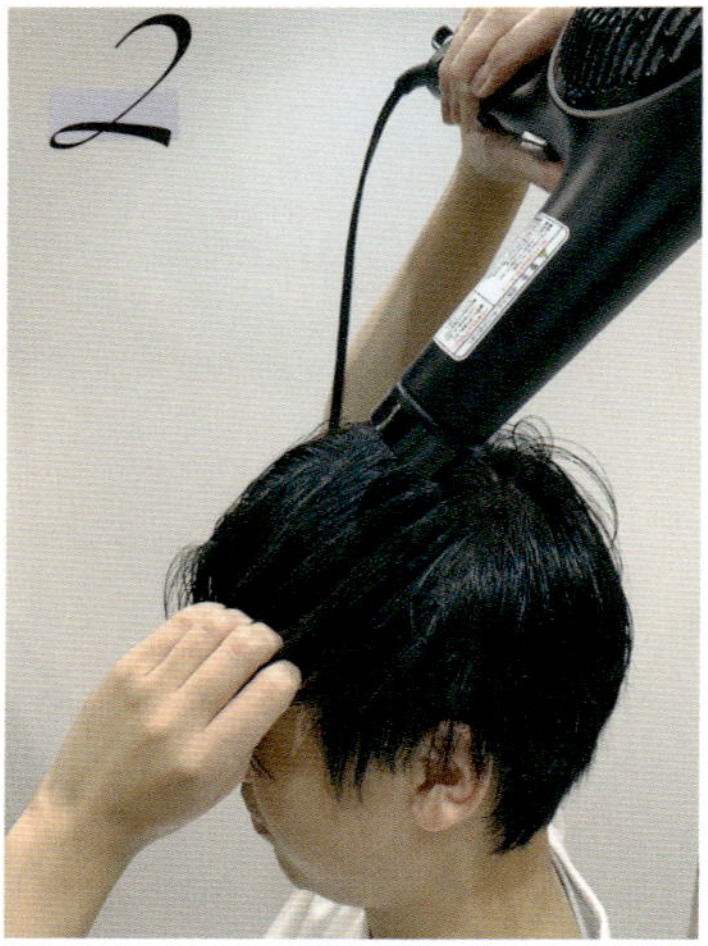
2

前髪の分け目をつけたら、次はM字の後退部分の割れをカバーします。サイドの髪を毛流れに沿って顔のほうに引っ張り、前髪と一体化します

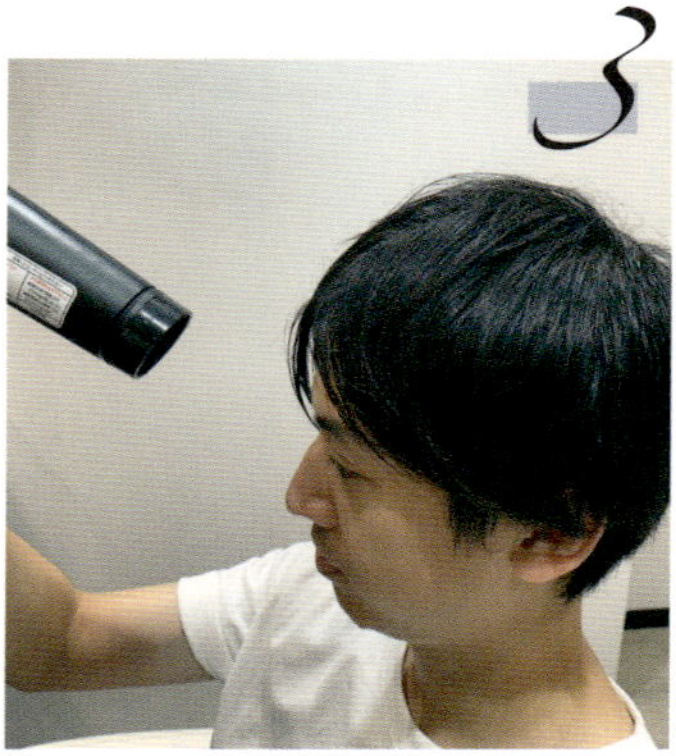
3

一体化した前髪とサイドの髪の根元は、前方に向かっています。今度は、その「毛先」のほうに風をあてて、左右それぞれが後ろに流れるようにします

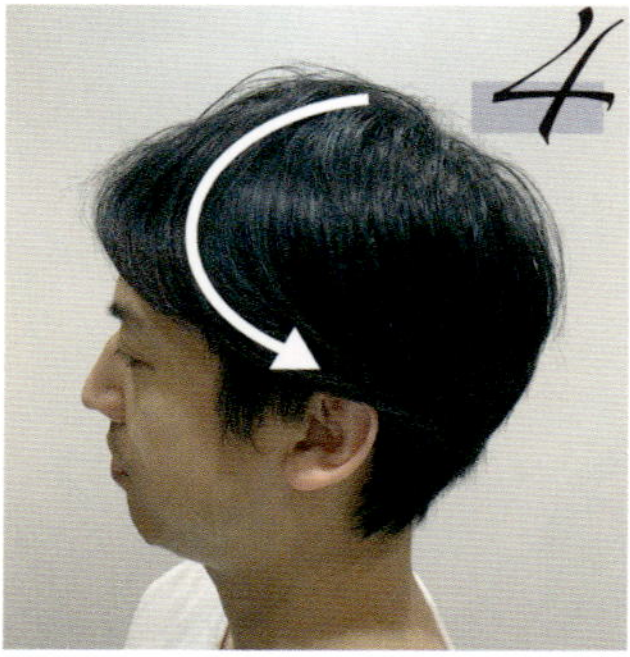
4

横から見ると、髪の流れがひらがなの「つ」のようになります（写真は「ᑕ」ですが）。これでM字部分が割れにくくなります

▼スタイリング編

スタイリング剤には、「ハードワックス（固形ワックスとパウダーワックス、どちらでも可）」「ハードスプレー」の2つをチョイスします。

ジェルやムースは地肌近くからつけることが多く結着力も強めで、髪が薄く見えやすいので適していません。

60〜69ページを参考に、まずは前髪以外のスタイリングを行って、髪のボリュームの調整をしてください。

ここから先は、前髪のスタイリング方法ですが、ショートスタイルとミディアムスタイルでやり方が変わります。

・ショートスタイル

前髪のセットに使用するハードワックスは、固形ワックスでもパウダーワックスでもかまいません。

固形ワックスなら、基本のスタイリングを行った際に指先に残ったわずかなワッ

ショートスタイルの前髪の整え方

1

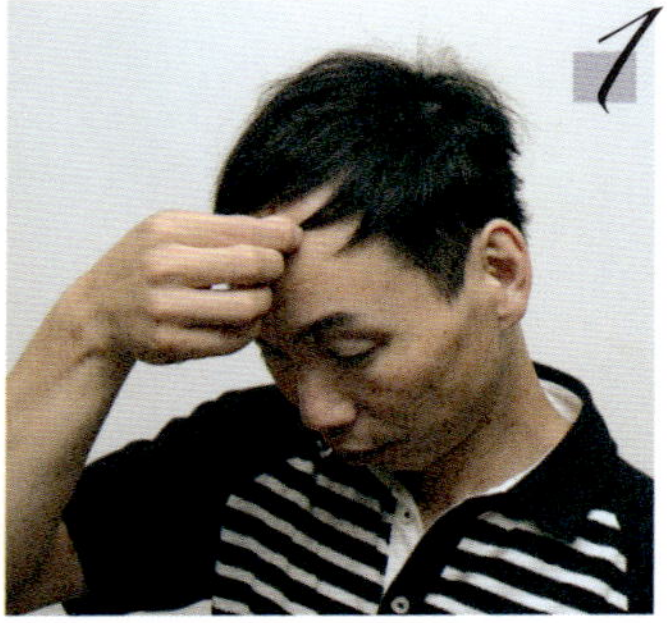

毛束はハードワックスを「毛先」につけてつまむようにしてつくります

2

※毛束は最低ひとつは必要です

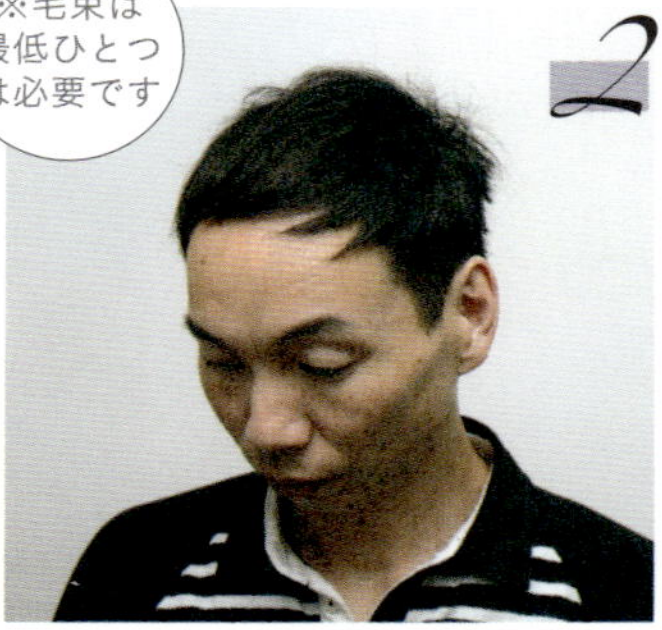

左右どちらかに流し、全体にハードスプレーをかけて固めたら完成です

クスを使います。パウダーワックスなら、指先に少量とって使ってください。

いずれかのワックスで「毛先」をつまむようにして毛束をつくり、左右どちらかに流して仕上げます。

まったく毛束をつくらず一直線に流してしまうと「隠してる感」が出てしまうため、髪が少なめの方であっても、必ずひとつは毛束をつくってください（上の写真は毛束が2つ）。

最後にハードスプレーで固めていきます。

動画
前髪が割れないセットの仕方

・ミディアムスタイル

前髪が長いと髪が後退している部分で割れやすくなるため、ワックスの使い方がポイントになります。

まず、前髪の左右をバラバラっと毛先を動かしながら、割れるポイントを見つけます（次ページ参照）。

M字型の薄毛は、おでこの右側と左側に割れるポイントがあります。

その、割れて地肌が見える部分の両側から少しずつ髪をとります。

この割れる部分の両側からとった毛束Aと毛束Bを、指先に少量とったハードワックスを使い、「毛先で」接着します。

毛束Aと毛束Bが正しく接着されると、ひとつの束になるため割れにくくなります。それでも割れやすい人はひとつの毛束にしたあとで、ハードスプレーで固めておきます。これでM字型薄毛の割れは大幅に解消されるはずです。

ミディアムスタイルの前髪の整え方

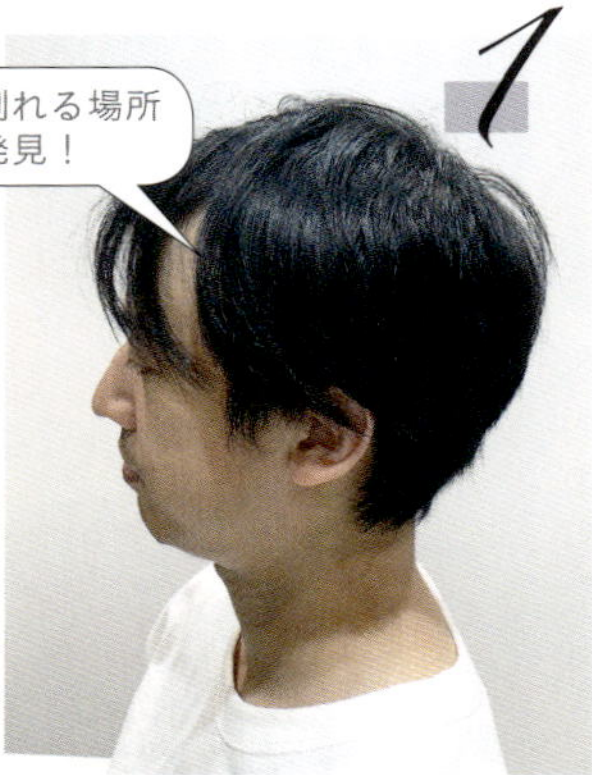
1
割れる場所
発見！

「つ」の字をつくったあと、前髪の左右をバラバラっと毛先を動かしながら割れやすい場所を見つけます

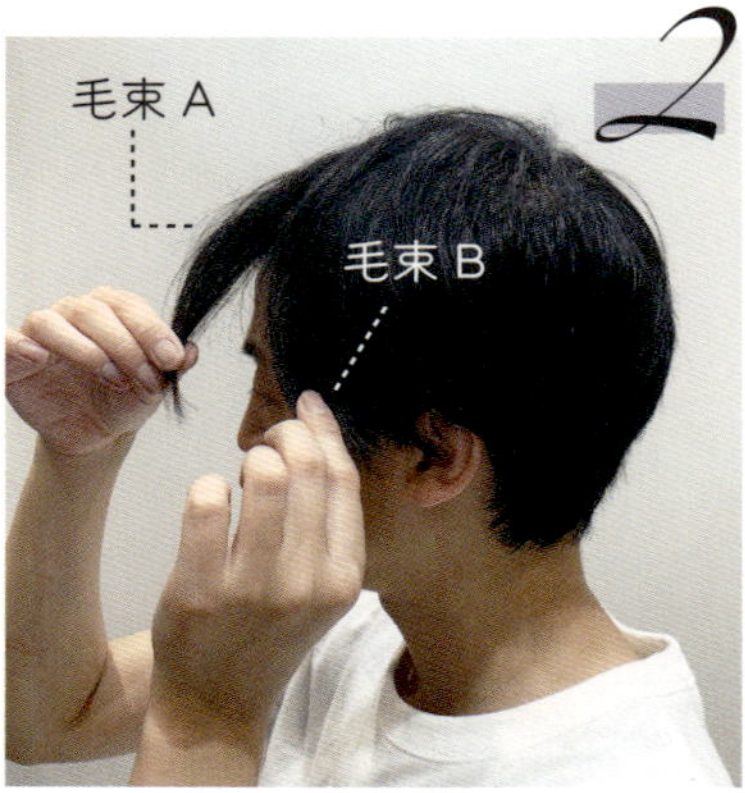
2
毛束 A
毛束 B

割れやすい部分の両側から少しずつ髪をとります。写真では、右手で毛束 A、左手で毛束 B をつまんでいます

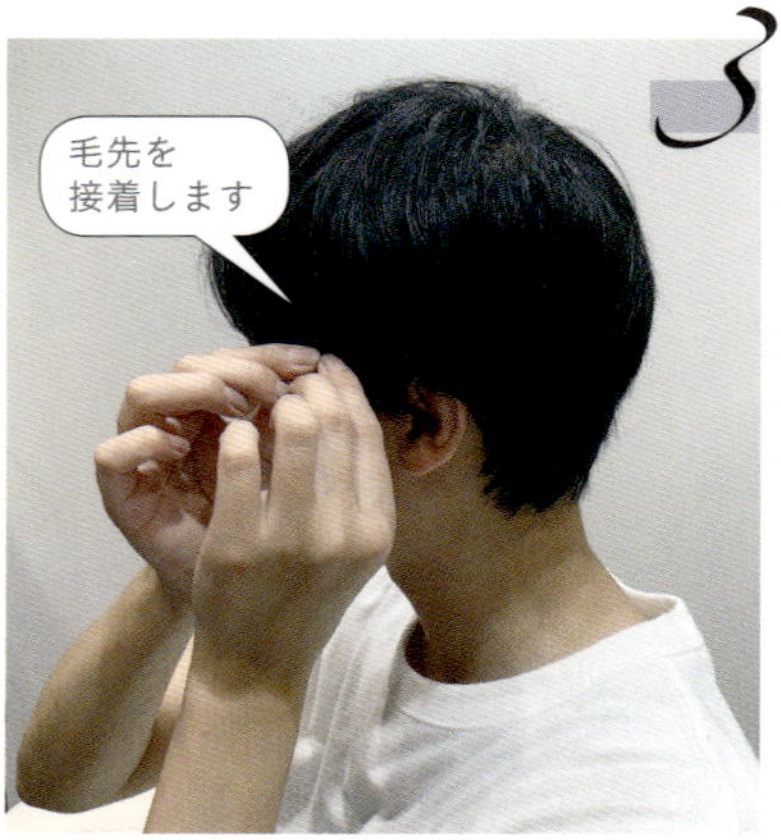
3
毛先を
接着します

毛束 A と毛束 B の「毛先」を、指先に少量とったハードワックスで接着します。最後にハードスプレーで固定します

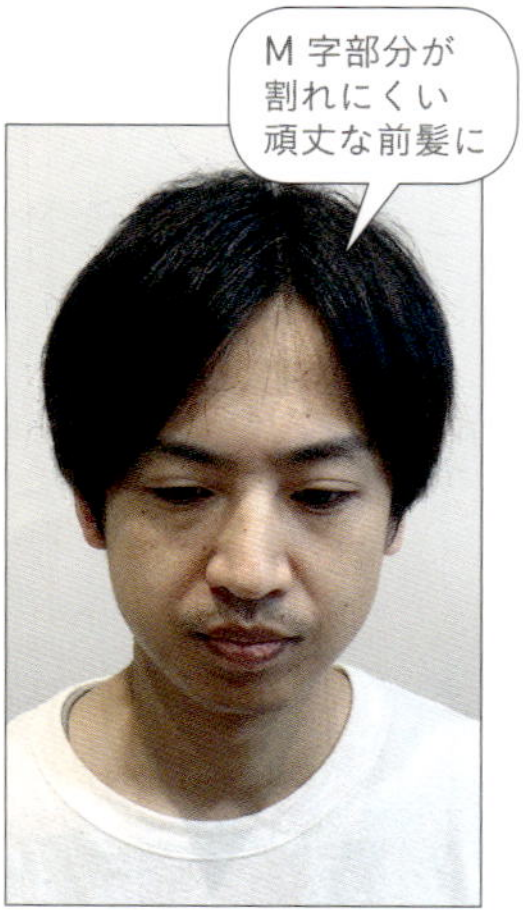
M 字部分が
割れにくい
頑丈な前髪に

O字型薄毛にお勧めの髪型とスタイリング

O字型薄毛の特徴

薄毛に悩む男性でM字型薄毛に次いで多いパターンがこのO字型薄毛でしょう。頭頂部がOの形で薄くなっていくO字型薄毛。自分では確認できないため、エレベーターの防犯カメラのモニターなどに映る自分を見てショックを受ける方も多いようです。

側頭部や後頭部の髪は通常の毛量があるため、どうしてもO字部分だけボリュームのないヘアスタイルになってしまいます。

周りの髪のボリュームダウン、頭頂部のボリュームアップ、薄毛部分をカバーするための髪の長さの調整がヘアスタイルづくりのポイントとなります。

O字型薄毛にお勧めの髪型

・バーバースタイル

サイドを短く刈り込み、前髪を上げながら後ろに流すヘアスタイルです。

サイドを短く刈り込むことで頭頂部より髪が薄い部分をつくり、頭頂部の薄毛感をぼかすことが可能となります。さらに前髪を長めに残して後ろに流すことで、ダイレクトに、かつ自然にO字部分をカバーすることができます。

・ソフトモヒカン

サイドを短く刈り込み、頭頂部に髪を集めてくるスタイルです。

前髪の長さはそこまで必要がなく、頭頂部の周りの髪の毛で薄毛部分をカバーします。頭頂部と同時に前髪の量も減ってきているという方も、チャレンジできる髪型です。こちらもバーバースタイル同様、サイドを短く刈り込むことで薄毛をカバーする効果も期待できます。

O字型薄毛のカットオーダーのコツ

▼状態によって必要な長さが変わる

O字型をヘアカットでカバーするためには、Oの部分を覆える長さの髪がマストになります。O字部分の広さによって必要な長さが変わってきます。

左の写真を見てください。上の写真で髪が薄くなっている部分を、周りの髪の流れを変えることでカバーしているのが下の写真です。

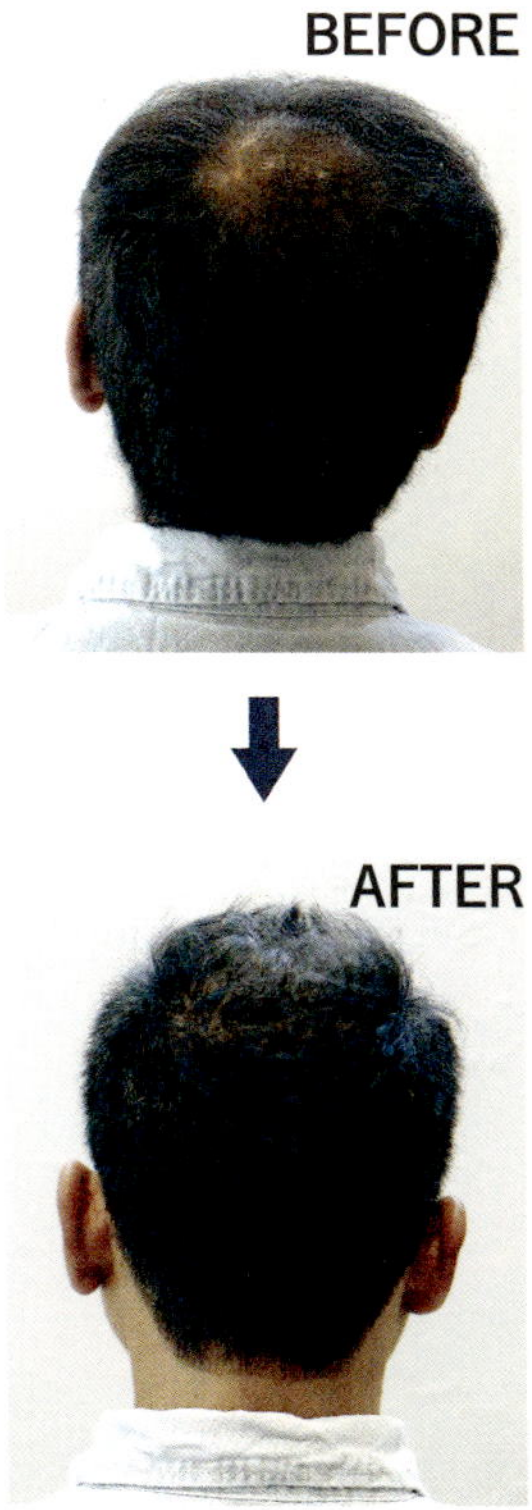

このモデルさんの場合は、あと1・5センチ周辺の髪が長ければ、よりしっかりと頭頂部をカバーできます。

この周辺部分の髪を短くしている方が多いので、なるべく長めに伸ばしておいて、ヘアサロンで長さを調整するのがよいでしょう。O字をカバーするための髪を長めに残していれば、前髪や耳周り、襟足は好きな長さで構いません。

▼O字周りの髪を長めに保つ

オールバックのようなヘアスタイルでない限り、基本的にはO字周りの右側か左側のどちらかの髪を少し長めに残しておくことが必要です。右を伸ばすか左を伸ばすかの判断材料のひとつとして、前頭部の分け目が関係します。

前頭部の分け目が右側なら、その分け目の線をまっすぐ後頭部のほうに延長してください。そうするとO字の右側に分け目がくるはずです。その分け目の側にあるO字周りの髪（つまりO字の右側の髪）を伸ばすわけです。

カットの際には「O字をカバーしたいので前髪の分け目と同じ側の髪は伸ばして

います」と伝えましょう。伸ばす長さは、O字の直径プラス2～3センチです。

O字型薄毛のスタイリング方法

O字型薄毛の場合、ドライやセットのポイントは主に頭頂部になります。

前髪の整え方は、M字型の場合と同じなので、そちらを参考にしてください。

▼ドライヤー編

53～59ページを参照して、まずは基本のスタイリングを行います。

O字型の薄毛の場合、頭頂部はかなり毛が細く毛量も少ないですが、それでもこの毛を立ち上げることで、ボリュームを出すことができます。

頭頂部の髪を立ち上げるには、乾かすときに地肌を指でこするようにしながらドライヤーをあてることです。地肌に張りついている細い毛が立ち上がりやすくなります。

そして、長めに伸ばしておいたO字周りの左右どちらかの髪を、薄毛部分をカ

脇の髪で O 字部分をカバーする

AFTER

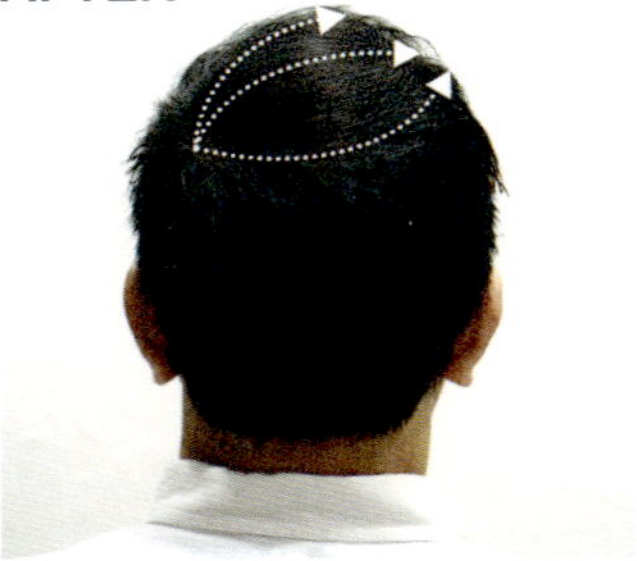

BEFORE

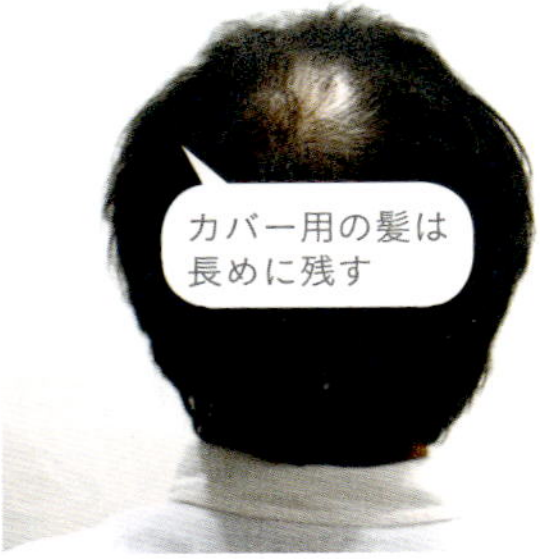

襟足やサイドの髪のボリュームを調整したあと、O 字の左側に長めに残した髪で薄毛部分をカバーしています。髪が右に向かって流れるように、毛流れを意識して乾かします

バーするように毛流れをつくりながら乾かしていきます。

　ドライが終わったら、左ページ写真のようにコームで頭頂部を軽くとかし、束になった毛束をほぐします。

　これは、ドライヤー時についた指の跡から見える地肌をカバーするためなので、必ず行ってください。合わせ鏡で、地肌が透けていないかチェックしましょう。

▼スタイリング編

　スタイリング剤には「ハードワックス（必要に応じて、固形ワックスとパウダーワックス）」「ハードスプレー」の2つをチョイスし

地肌が見えないように髪をほぐす

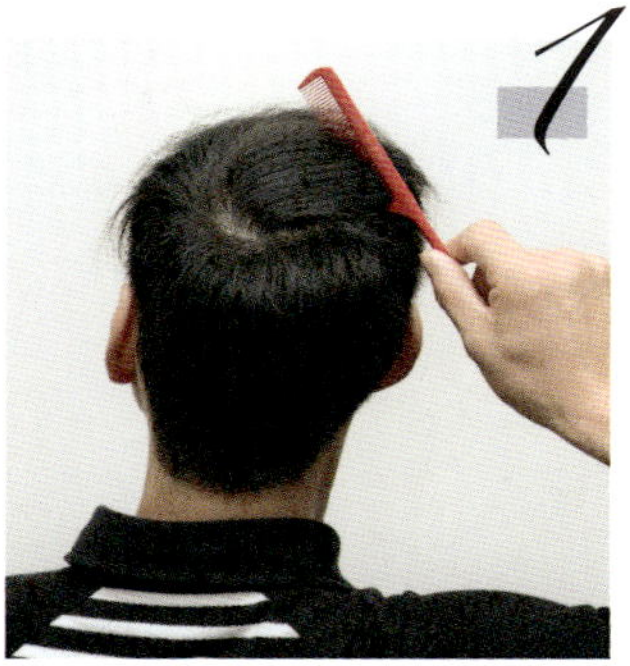

束ができていたり、指の跡がくしゃっと残っているところがないように、軽くとかします

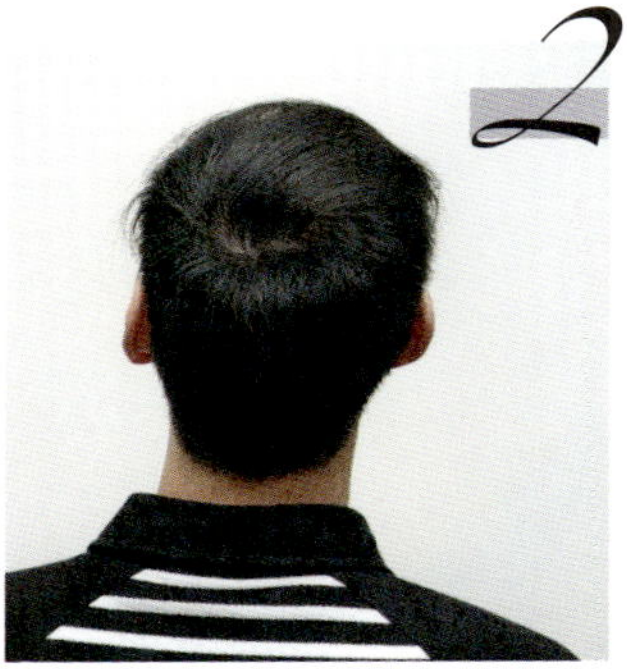

地肌が見えない自然な仕上がりです

ます。

60〜69ページを参考に、まずは前髪以外のスタイリングを行って、髪のボリュームの調整をしてください。

このとき重要なのは、せっかくブローしてO字部分をカバーしている長めの髪に、固形ワックスがつかないようにすることです。

この髪に束が出やすい固形ワックスがつくと、髪同士がくっついて頭皮が透けてしまうので注意してください。

また、O字部分をカバーしている髪にボリュームを足したいときは、パウダーワックスを5〜6回ふりかけて、手で揉み込みながらスタイリングをします。

パウダーワックスは束になりにくいため、O字のカバーに向いています。

とはいえ、スタイリング後は必ず合わせ鏡で、毛が束になって地肌が透けていないかチェックしましょう。割れていたらコームで再度とかして毛束をほぐします。

その後、ハードスプレーでしっかりと固めましょう。

O字部分にさらにボリュームを足したいときは、71ページのやり方を参考にしてください。

U字型薄毛にお勧めの髪型とスタイリング

U字型薄毛の特徴

薄毛がかなり進行しており、M字型とO字型の併発なども考えられるU字型薄毛。

U字型薄毛をカバーするヘアスタイルには、いくつかの制限が生じます。

側頭部の髪を上手く、かつ不自然にならないように活用できるかどうかが、U字型薄毛のヘアスタイルづくりのポイントとなります。

U字型薄毛にお勧めの髪型

・ショートスタイル

限りなく坊主に近いくらいまでさっぱりと短くし、サイドと頭頂部の色合いを合わせます。ただし、116ページで説明しますが、坊主頭にする場合は意外な落とし穴があるので注意が必要です。

・ゆるパーマスタイル

左右どちらかの側頭部の髪（しっかり髪があるところから下に向かって2〜3センチの分量）をU字部分を覆えるくらい長く伸ばし、ゆるめのパーマをかけるスタイルです。直毛だといかにもバーコードといった感じになりますが、パーマがうっすらとでもかかっていると直線的な感じはやわらぎ、一気にオシャレな雰囲気にすることも可能です。

U字型薄毛のカット＆パーマオーダーのコツ

ゆるパーマスタイルでは、U字部分を覆える程度の髪の長さが必要となります。パーマをかけると蛇行する分だけ直毛の時より髪が短くなり、U字を覆える長さに足りなくなることもあるため、実際には少し長めに伸ばしておくことが重要です。必要な長さに伸びるまでは、耳周りと襟足だけをカットしましょう。

また、パーマをかけたことがない、もしくは久々にかける方が多いと思うので、最初はゆるめにかけてもらうとよいでしょう。

「乾かしたときに周りにわからないくらい」、「乾かしたら伸びるくらい」、「周りの人から〝癖あったんだね〟と言われるくらい」のパーマとオーダーすると、かかりすぎることはないでしょう。

U字型薄毛のスタイリング方法

髪が伸びるとどうしても側頭部が膨らみ、前頭部（M）や後頭部（O）の薄毛が強調されてしまいます。側頭部をしっかりボリュームダウンさせること、頭頂部の髪には束感を出さないことがポイントとなります。頭頂部の髪に束をつくると、束と束の間から地肌が見えやすくなってしまうためです。

▼ドライヤー編

53〜59ページを参照して、まずは基本のスタイリングを行います。

・ショートスタイル

頭頂部が薄くなっている部分は、95ページのO字型のブローを参考にして、薄くなっている部分のボリュームをアップしてください。

・ゆるパーマスタイル

U字カバーのために伸ばしておいた髪は、ドライヤーの風を少し弱めに設定してカバーしたい方向へ優しく乾かしていきます。強い風を使うとパーマが伸びきってしまい、ボリュームを出すのが難しくなるので注意してください。

それ以外のサイドの髪は後ろからドライヤーをかけてしっかりボリュームを抑えることが重要になります。

〈参考〉つむじ周りに長い毛がある人

なお、つむじ周りに長い毛がある方は、毛流れを揃えることでU字のカバーが可能なことがあります。つむじの巻く方向や位置、髪のくせ、ドライヤーのあてやす

つむじ周りの髪の毛流れを揃える

AFTER　BEFORE

正面

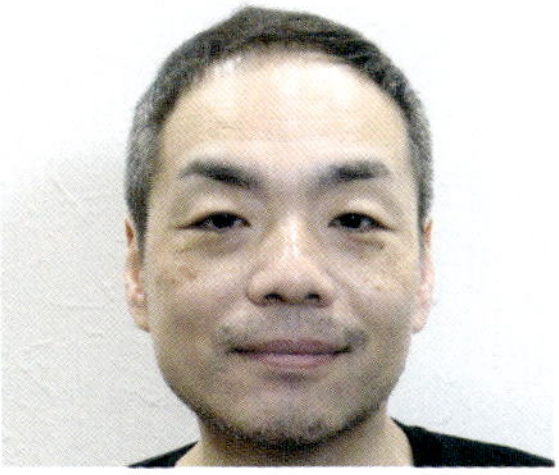
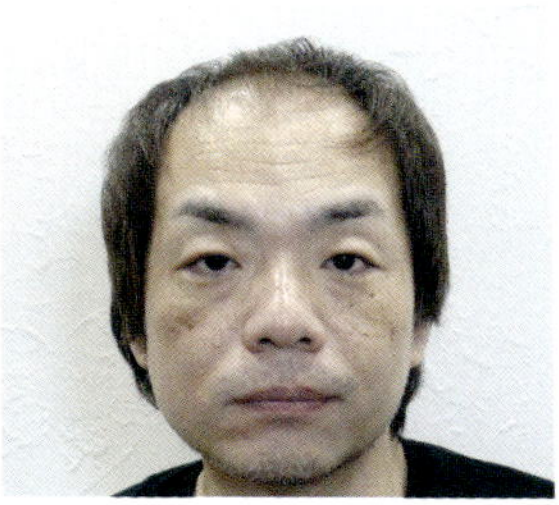

うしろ

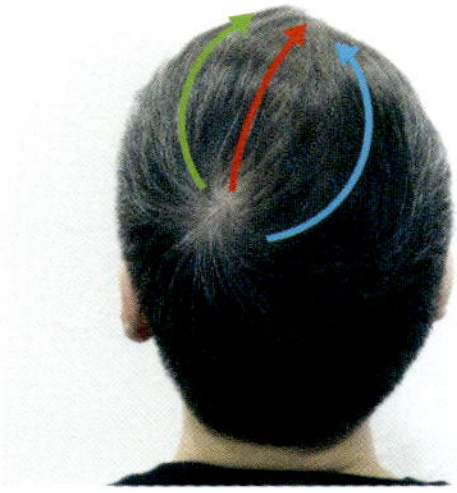
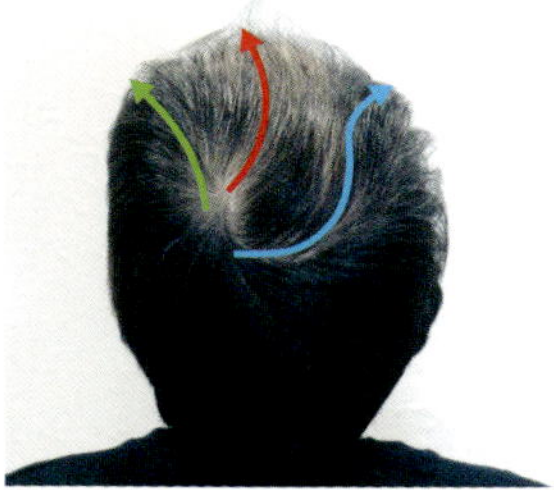

あちこちに向いているつむじ周りの長い毛を、前方の一定の方向に向かせる

横

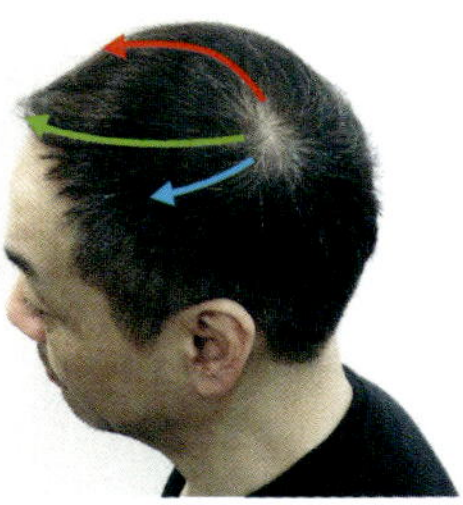
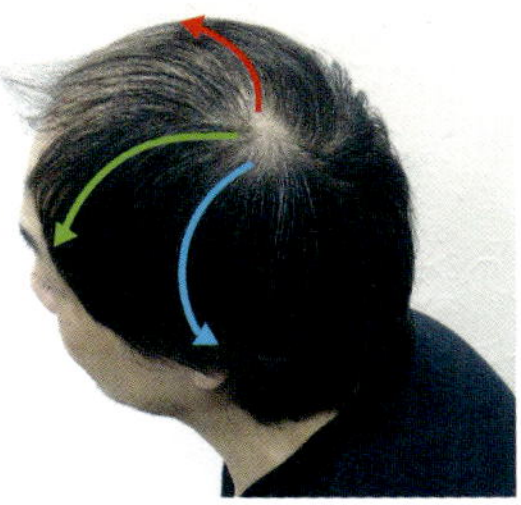

サイドや後頭部、襟足の髪は短く切って膨らまないようにする

さなどで、毛先をどこに向けるかは変わりますが、髪の毛が一番均等な量で流れる方向を探しましょう。

前ページの写真のモデルさんの場合、本人から見て右側に髪が流れるクセがあるため、全体の毛先が右目の上あたりを指すように毛流れを作ります。

髪を適切な長さに切って、バラバラだった毛先の向きを揃えるだけでもカバーできる範囲は大きく変わります。

▼スタイリング編

スタイリング剤は、「ハードワックス（パウダーワックス）」と「ハードスプレー」をチョイスします。パウダーワックスは束感が出にくいのが特徴で、長く残した頭頂部の髪に、よりボリュームを出すことができます。

なお、U字型の場合は、サイドの膨らみを抑える以外は、固形ワックスは避けたほうが安全です。

・ショートスタイル

まず、パウダーワックスを頭頂部の髪に直接振りかけます。使用目安は3～5振りで、手で揉み込みながらボリュームを出していきます。短い髪が頭頂部付近にあると高さを出しやすくなります。

最後は、必ず合わせ鏡で頭頂部の毛が束になって地肌が透けていないかチェックしましょう。割れていたらコームで一度とかして毛束をほぐします。

その後、ハードスプレーで固めます。U字型薄毛のタイプの方は、とくにしっかり固めておきましょう。2～3回に分けて固めてあげると自然に仕上がります。

さらにボリュームを足したいときは、71ページのやり方を参考にしてください。

・ゆるパーマスタイル

乾いたら頭頂部の髪をコームで一度とかし、パウダーワックスを使用してスタイリングしましょう。パーマをかけているほうが束になりやすいので、必ずコームでとかすようにしてください。最後にスプレーでしっかり固めてフィニッシュです。

びまん型にお勧めの髪型とスタイリング

びまん型薄毛の特徴

びまん性とは、限定的ではなく広範囲に広がっているという意味です。

びまん性脱毛は、M字型などのように部分的に進行して行くものではなく、少しずつ全体の髪の毛が細くなってボリュームがなくなり、次第につむじを始めとして頭皮が全体的に透けて見えてきます。脂漏性皮膚炎などが原因で頭皮に湿疹ができ、その後全体的に透けて見える場合もあります。

びまん性脱毛の方は、もみあげや襟足の髪が頭皮に対してまっすぐ生えていることがあり、中途半端に短くするとピンと横に立ってしまいます。見る角度によっては横や後ろも頭皮まで見えてしまいます。

全体的に、髪に長さがあるほうがカバーしやすくなります。

びまん型薄毛にお勧めの髪型

びまん型の方は、パーマと相性がよいです。

髪を少し長くしてパーマをかけると、髪の毛が蛇行する分だけ一本のカバーできる面積が大きくなります（短髪の場合もデザインによっては可能なので、美容師さんに相談してみるといいでしょう）。そのため、ボリュームアップや地肌の透け感の大幅な改善が期待できます。

さらにパーマには、毛流れをつけることでヘアセットがしやすくなったり、髪同士が絡み合うことでスタイリングした髪型が崩れにくくなるといった利点があり、ストレスフリーにオシャレを楽しめます。

自然な仕上がりにしたい場合は、パーマを前髪や頭頂部に部分的にかけたり、大きめのカールにすることもできますので、ぜひ試していただきたいと思います。

パーマは、薄毛を効率よくカバー、デザイン、ボリュームアップできる優れた施術のひとつです。

びまん型は髪が細い方が多く、パーマ薬剤で髪が傷みやすいため弱めのパーマ液でかけてもらうことをお勧めします。美容院でのパーマオーダー方法は、「シス系のお薬で優しくかけてほしい」と伝えましょう。

びまん型薄毛のカットオーダーのコツ

前述の通り、びまん型の方は少し髪が長めのヘアスタイルにするのがポイントです。側頭部などの一番短いところでも3センチ以上あったほうが安心です。後頭部の髪も短くしすぎず、頭部全体の髪の長さが3センチ以上あると地肌の透け感が目立たなくなります。

ただし、側頭部の地肌が透けることに抵抗がなければ、左ページの写真のようにあえて側頭部を短くし、全体の地肌感を揃えて違和感をなくすのも有効です。

1～2センチという中途半端な長さにするのはあまりお勧めできません。

パーマをかける場合は、髪が蛇行する分だけ直毛の場合より短くなるので、それも計算に入れた長さでカットしてもらいましょう。

びまん型薄毛のスタイリング方法

別の部分の髪の力を借りて薄毛をカバーするM字型、O字型、U字型と異なり、ナチュラルにヘアスタイリングするとよいでしょう。頭皮の油分をとるプレシャンプーが特に重要になります。

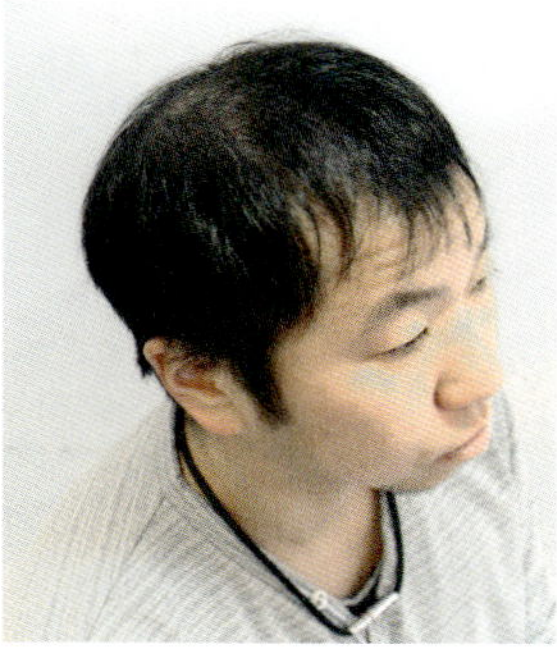

全体的に髪が細く、頭皮が見えやすい状態です

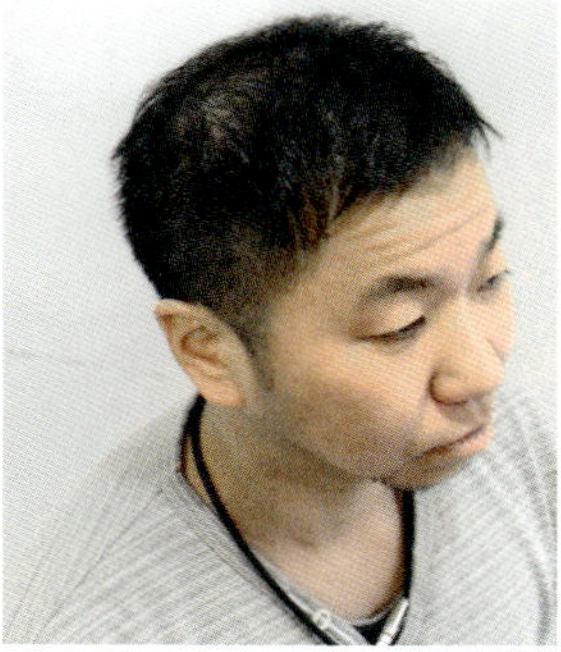

側頭部をあえて短くして透け感を出すことで、全体の地肌感をカモフラージュしています

▼ドライヤー編

髪の乾かし方はM字型のショートスタイルと同様ですので、そちらを参考にして

ください（82ページ）。

▼スタイリング編

スタイリング剤は、「ハードワックス（パウダーワックス）」もしくは「ハードスプレー」を使用します。

束感が出にくいことが大切なので、他のスタイリング剤は選択しないほうが賢明でしょう。あえてワックスを使用せずハードスプレーだけで仕上げるのも有効です。

パウダーワックスは頭頂部の髪に直接振りかけて使用します。使用目安は2〜3振りです。手で揉み込みながらボリュームを出していきます。

頭頂部に束感を出すとどうしても地肌が透けやすくなります。髪に動きを出したい場合は前髪や側頭部の髪に束感を出すようにします。

CHAPTER 4

日常のメンテをスムーズにする6つの提案

☑ 薄毛な人ほどカラーとパーマが武器になる

パーマやカラーで頭皮は影響を受けない

薄毛のカバーをするとき、薄毛のタイプにかかわらず、カラーやパーマが強い味方になることは多いです。とはいえ、毛量が少なくなり、髪の毛自体も細くなっている状態では、「カラーやパーマは髪が傷むのでは？」「頭皮に悪影響なんじゃないの？」と不安になる方も多いでしょう。

たしかに、パーマやカラーで髪はダメージを受けます。

しかし、頭皮に影響はありません（塗布方法にもよります）。

そのためパーマやカラーで薄毛が進行することは考えにくいです。

知っておいていただきたいのは、髪のダメージと頭皮のダメージはまったくの別物であるということです。

髪がダメージを受けたからと言って、脱毛や薄毛に直接繋がることはありません。ブリーチなどよほど強力なものを頭皮にベタベタと直塗りした場合は、頭皮が炎症を起こすこともありますが、そうでなければ大丈夫です（実際には頭皮のダメージと薄毛との関係も解明されていません。関係ないと思ってよいと思います）。

薄毛になる人は原因が他にあり、パーマやカラーをやってもやらなくても、薄くなる人は薄くなるというのが私の持論です。

パーマやカラーは髪にダメージが出るものの、それ以上に素晴らしい薄毛カバーの成果を出してくれます。

直毛が薄毛カバーで不利な理由

私たち美容師が薄毛をヘアスタイルでカバーする際、一番大変なのは髪がストレートの方です。直毛と聞くと一見よさそうなのですが、薄毛の方の場合はそのために苦労することもあります。ヘアセットに時間がかかり、スタイリングの持ちも悪いという弱点があるのです。

パーマがかかった髪は、直毛と違って互いに絡み合うので、ヘアスタイルが崩れにくくなります。M字部分の髪が落ちて来にくくなる効果も期待できます。

それに、直毛はカバーする面積が髪1本に対し、その表面積分しか地肌をカバーしません。パーマをかけると1本の髪が蛇行することにより、地肌をカバーする面積が飛躍的にアップします。

どんなに弱いパーマだったとしても、直毛が100本重なるのと、うねった髪が100本重なるのとではボリューム感がまったく異なります。新札と旧札の100枚の束をイメージしていただけるとわかりやすいかと思います。

オシャレの選択肢としてのパーマ

また、直毛のヘアスタイルは「元気」「若い」「新人」といったイメージを与えるのに対し、パーマがかかったヘアスタイルは「色気」「大人」「雰囲気がある」といった印象を与えることができます。

パーマをかけなくても薄毛がカバーできている方も、オシャレの選択肢のひとつとして覚えておいていただきたいと思います。

髪の色で薄毛を目立たなくできる

カラーリングによって髪の色を肌の色に近づけることで、薄毛を目立たなくすることができます。

薄毛のタイプによってお勧め度に違いがあり、M字が上がってきている人には効果が少なく、全体的に毛量が減ってきている方やO字の方には効果的です。

ただし、黒髪のほうが髪の「量」は多く見えるという点は覚えておきましょう。

このようにパーマとカラー（とくにパーマ）をうまく活用することは、薄毛に悩む方のヘアスタイルをつくるにあたり、かなり役立つテクニックになります。

☑ 坊主頭にするときの注意点

多くの人はメンテナンスが大変

髪が薄くなり始めている方で「薄毛が進行したら坊主にすれば目立たない」と簡単に考えている方は多いものです。坊主にすれば誰もが市川海老蔵みたいになると。答えはNOです。というのは、坊主は人によって向き不向きがあるためです。

一般的にヘアサロンで坊主頭というと、バリカンを使って大体3ミリ前後の長さで均一に刈ることが多いです。

ところが、長さが3ミリもあると、側頭部の毛量の多い部分の色は黒く、頭頂部などの毛量が少ない（薄毛の）部分はグレーに近い仕上がりになります。頭頂部は産毛のような細い毛が多く、地肌が透けやすいためです。

この色の差が意外と目立ち、より薄毛感を強調してしまいます。

髪の色の違いを目立たなくするためには、全体に地肌が透けるくらい髪を短くしなければなりません。最大でも2ミリ、できれば1ミリの坊主にする必要があります。

1ミリなんてあっという間に伸びるので、日々のメンテナンスはかなり大変です。

そもそも坊主頭自体が誰にでも似合う髪型ではありません。

薄毛を目立たなくするための坊主には、その覚悟が求められます。

薄毛の方が坊主にするときに知っておくべきことは以下の4点です。

- **普通に坊主にしても薄毛は目立つ（毛量が減っている人はとくに）**
- **1ミリにすれば目立たなくなる**
- **ほぼ毎日刈らないと色のムラが出る**
- **似合う似合わないが極端に出る**

ちなみに、私も自分で試したことがありますが、維持することはできませんでした。

坊主にしても問題ないタイプとは？

ただし次のタイプの薄毛の方は、髪の色のムラが出にくいため、「薄毛を目立たないようにする」という意味での坊主はよい選択となります。

お勧めの長さは3〜4ミリです。

- **全体の毛量はしっかりあるのにM字部分だけが進行している**
- **頭頂部のO字部分だけが進行している**
- **そもそもの毛量が全体的に少なく、側頭部の髪も薄い**

この3つのタイプの特徴は、坊主にしたときに、髪がある部分の色が「黒（もしくはグレー）」の単色になることです。こういうケースは薄毛が目立ちません。

ところが、これ以外のタイプだと、毛量の多い「黒」の部分と、毛量が少ない「グレー」の部分のミックスになってしまい、薄毛が目立つのです。

いかがでしょうか。薄毛の方が坊主にするには、自分の薄毛タイプを把握しておくことが重要です。また、メリットとデメリットを押さえておく必要があるのです。

☑ 自宅でのセルフカットのコツ

はさみは「スキ率」で選ぶ

ヘアサロンでオーダーしたものの、ときには思いどおりにならないこともあるかもしれません。そんなとき、少しくらいなら自分でカットして調整できると便利です。

髪の毛を切るためのはさみは「スキばさみ」がお勧めです。

スキばさみには「スキ率」があります。スキ率とは、はさみごとに設定されている「一度に切れる割合」です。

スキ率40%だと100本の髪の毛に対して、1回で40本切ることができます。なので2〜3回チョキチョキすれば全部切れてしまいます。

市販されているスキばさみは、スキ率35%〜40%ほどのものが大半なのですが、薄毛の方にとってそのレベルのスキ率は自殺行為です。

多少切るのに時間はかかりますが、セルフカットで使うはさみは、スキ率が20～25％のものをお勧めします。

ネット通販でプロ用のはさみを売っているサイトがいくつかあるので、活用するといいでしょう（アクシスシザーズはプロからも人気のはさみの通販サイトです）。

価格は2万円弱しますが、ずっと使い続けられるプロ用の道具と考えれば、高い買い物ではないと思います。

切ってもいい髪、ダメな髪の見分け方

セルフカットする場合は、髪が乾いた状態で切り始めましょう。

寝グセの状態ではなく、ちゃんとセットした状態にして切っていきます（スタイリング剤はつけないでください）。

スキ率が20～25％のスキばさみで失敗することはほとんどないので、側頭部や後頭部はどんどん切ってください。

ただし、髪が薄いところは慎重に切ります。髪が薄いところには、切ってもよい毛束と、そうでない毛束が存在するためです。

切ろうとする髪をつまんで持ち上げてみたときに、薄毛部分が目立ってしまうようであれば、そのつまんだ髪は切ってはいけない毛束です。そのまま薄毛部分に被せておいたほうが安全です。一方、持ち上げたときに薄毛部分に影響を及ぼさない毛束は、切っても平気です。

とはいえ、慎重になりすぎて切らない毛が増えてしまい、薄毛部分にどんどん被せてしまうと、いかにも隠している感じのヘアスタイルになってしまいます。切ってもいい髪の毛を見極めてしっかり切ることが、自然にかっこよくカバーするヘアスタイルをつくるコツです。

前髪が割れてきた場合のセルフカット

M字型の薄毛の場合、カットしてからしばらく経つと、髪が伸びてM字部分の割れが目立つようになります。割れが目立つ原因は、髪が伸びたことで毛先同士の間隔が広がることにあります。

本当はヘアサロンでカットできるといいのですが、時間的に難しいこともあると思います。そういうときは、一時的な解決策として自分で切る方法を知っておくと便利です（失敗のリスクもあるので積極的にお勧めするわけではありません）。

やり方はシンプルですが、一度切ったら元には戻りませんので、慎重に行ってください。

まず、髪が伸びてきた時に割れやすいのは前髪の端の部分です。切るのはここの部分のみにします（次ページ参照）。

指やコームでカットする髪を持ち上げ、スキばさみでカットします（スキばさみは縦に入れるほうがより慎重に切ることができますが、横に入れても失敗は少ないです）。

失敗のリスクを下げるため、1度に切る深さは1センチ以内にしましょう。前髪は5ミリ切るだけでも印象が変わります。1回はさみを入れるたびに現状を確認し、丁寧に行ってください。

伸びた前髪が割れるときの対処法

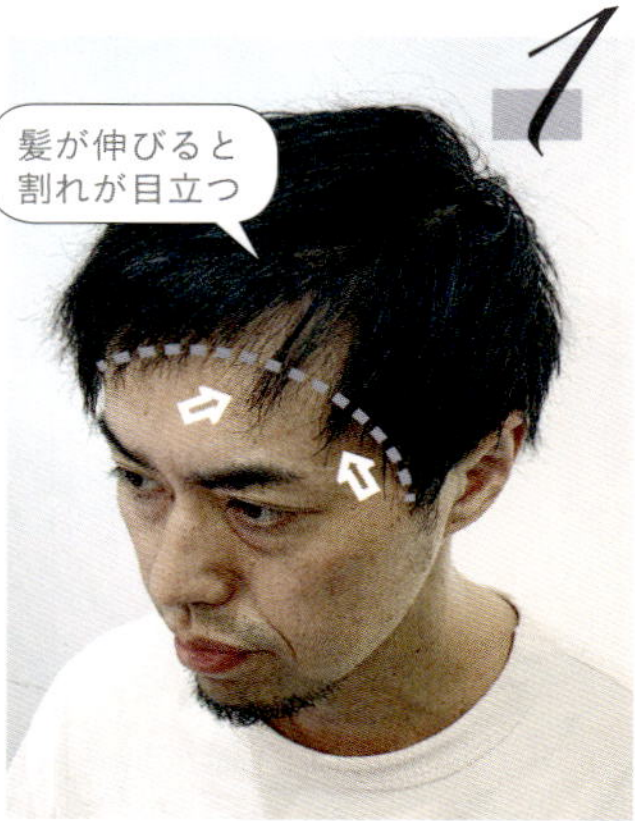

切るのは割れる部分のみ。点線からはみ出た毛先だけをカットします

切る髪を指で持ち上げてスキばさみでカット。一度に切る深さは1センチ以内です。切るたびに鏡で状況を確認しながら行います

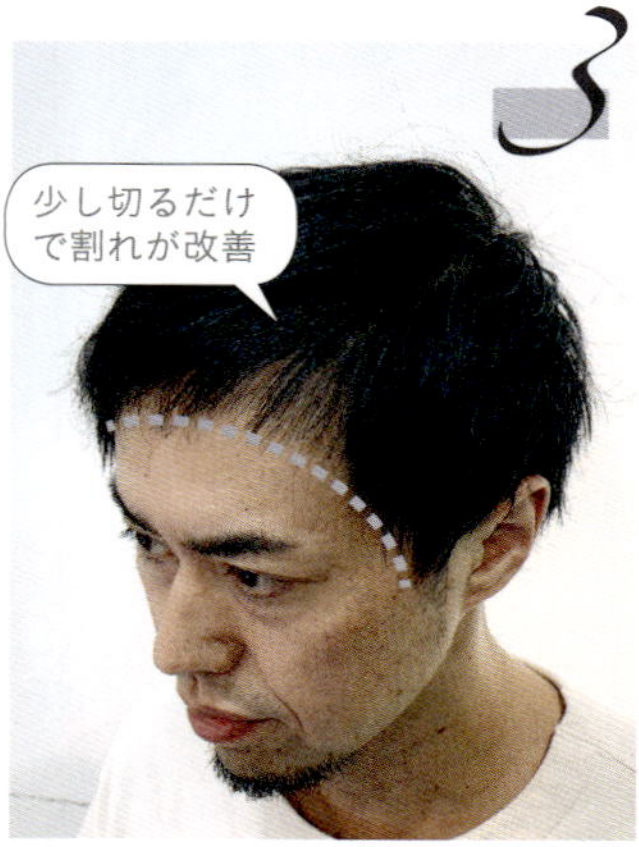

これで完成です。少し切るだけで、割れが目立たなくなり、スッキリした印象になります

スタイリング剤で固めた髪の洗い方

固形ワックス、ハードスプレーを落とす

薄毛が気になりだすと、ついスタイリング剤をつけすぎてしまうことがあります。地下鉄の風や、不意の雨などにも対応できるように、ハードタイプと呼ばれるスタイリング剤を多めに使い、ガッチリキープ！

しかし、しっかりつければつけるほど、ぬるま湯で流してシャンプーするだけでは、洗い落とすのが難しくなります。そうした場合には、リンスやコンディショナーを利用してみてほしいと思います。

その方法とは、ぬるま湯での予洗いの前、つまり「乾いた状態の髪」にリンスやコンディショナーをなじませることです。少し揉み込むくらいがちょうどいいでしょう。

こうすると、スタイリング剤の油分にリンスやコンディショナーの油分がくっついて、ヘアワックスが落ちやすくなってくれます（強いて言えば、若干ではありますがコンディショナーのほうがリンスより油分が高いので、効率よく落ちると思います）。

そのうえで、しっかり予洗いしてからシャンプーをしていきましょう。

クレンジング力の強いシャンプーなどに買い替えるのもありですが、まず、この方法を試してみてください。

ポイントは「シャンプーの前！　乾いた髪につけて揉みほぐす！」です。

パウダーワックスを落とす

パウダーワックスは、薄毛を気にする人にとってはものすごく優秀で使いやすいスタイリング剤です。ただし、普通に洗髪しても落ちにくいので、二度洗いすることもあるでしょう。

最近のスタイリング剤全般に言えるのですが、シリコンの量などが多い商品の場合、取れにくくなる傾向にあります。こうしたスタイリング剤は、基本的に安全性に問題はないのですが、やはり頭皮に残ってしまうのは気になります。

そんなときは「予洗い」をしっかり行ってほしいと思います。

予洗いとはシャンプーの前に、お湯などで一度洗うことです。

ほとんどの人は、「シャンプーが泡立つくらいに、チャチャチャっと」しかシャワーをあてていないのですが、目安はだいたい3分と覚えておいてください。

最初の1分間は、シャワーヘッドを頭皮に極力近づけて、頭皮全体にお湯をなじませてください。

次の2分間は、シャワーを当てながら頭皮をマッサージをします。毛髪部分はこすったりせず、流れるお湯で軽く汚れを落とす程度で大丈夫です。

3分なんて長いと思われるかもしれませんが、これをするだけで飛躍的にシャンプーの能力は上がりますので、ぜひやってみてほしいと思います。

☑ ブラックパウダーを使いこなす

知っておいて損はない、その実力

「ブラックパウダー」という言葉を耳にしたことはないでしょうか。

ブラックパウダーとは、地肌に直接黒い粉をふりかけ、頭皮が透けて見えるのをカモフラージュするためのアイテムの総称です。

具体的な商品名としては、「スーパーミリオンヘアー®」が有名です。

噂には聞いたことがあるものの、使用に踏み切るには情報が少なくて不安という方もいらっしゃるでしょう。ここでは、実際にヘアサロンで使っている立場から、一般の方が気になるところをお伝えします。

ブラックパウダーのメリットとデメリット

メリットは、価格がさほど高くないため手軽に使用できることです。正しい使い方をすれば自然に見え、かつ絶大な効果を発揮します。

デメリットは、一度使うと病みつきになり中毒性があることです。ですので、薄毛部分をカバーするのに必要な髪の長さが整うまでの応急処置や、大切な日に限定して使うのがよいでしょう。

また、激しいスポーツなどで大量に汗をかくと、黒い粉が流れてくることがあるので注意が必要です。

ブラックパウダーの正しい使い方

ブラックパウダーを使う手順は次のとおりです。

①ドライヤー
↓
②ブラックパウダー
↓
③ヘアワックス・ヘアスプレー

髪を乾かしながら整えたあとに、髪を多く見せたい部分にブラックパウダーをかけて調整します。最後にワックスやスプレーで整えていきます。

ご自身の髪色よりワントーン暗い色を選ぶと自然な仕上がりになります。

ブラックパウダーをかける場所別の注意点

カバーする箇所により多少使い方は変わりますが、それなりに自毛が地肌を覆っていることが重要です。髪の毛がない箇所に使用すると、パウダーを振っているのがあからさまになってしまうためです。

また、たくさんかけるほど毛量は多く見えますが、地肌感がなさすぎると不自然な仕上がりになるので、かけすぎにご注意ください。

・頭頂部をカバーしたい場合

頭頂部にやや近づけて容器を傾け、指でトントンと叩いてまんべんなく振りかけます。

スーパーミリオンヘアー®の使用例

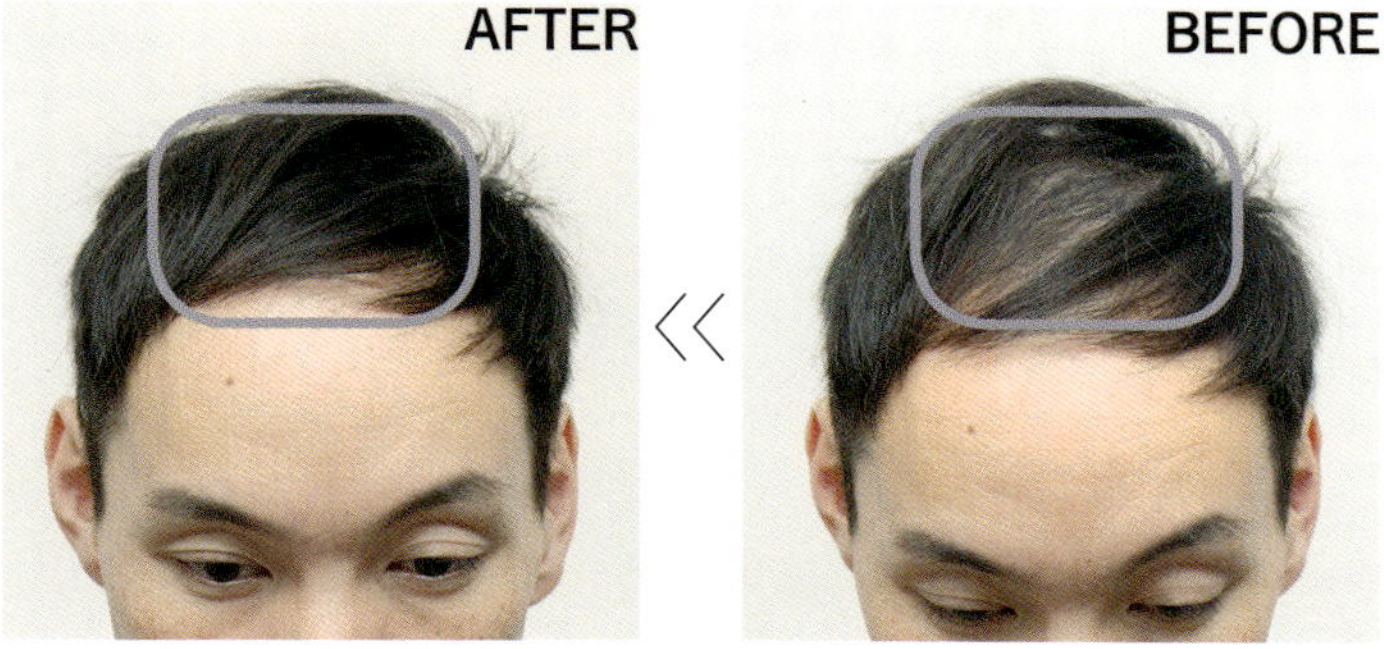

振りかけるだけで一気に髪の密度が増して見えます

【使うときのポイント】
・自毛よりワントーン暗い色を使う
・それなりに自毛が地肌を覆っている場所に使う
・地肌感がなさ過ぎると不自然なので、かけすぎに注意

その際、つむじを避けて使用するのが鉄則です。つむじがない頭は不自然なので、つむじを黒く塗りつぶさないようにしましょう。

・つむじをカバーしたい場合

「そのつむじ部分の薄毛をカバーしたいんだけど」という場合は、つむじにブラックパウダーを振り、左右もしくは前方の自毛をつむじにかぶせます。

そうすると、つむじにかぶせた髪の根元の地肌が見えるはずです。

つむじの代わりに、別の箇所の地肌が見えるようにすることで自然な印象になります。

・前頭部をカバーしたい場合

髪の生え際から3〜4センチは避けたうえで、気になるところに振りかけます。

こちらも必ず自毛を上からかぶせてパウダーが見えないようにします。

ブラックパウダーはバレないか

正しい使い方ができていれば、バレることはほぼありません。

ただし、旅行など宿泊先でお風呂に入る際は洗い流す必要があるため、同じ状態をキープするためには持参する必要があります。

美容院選びで失敗しないための目安

安心して髪を切りたい!

現在美容院は信号機の数より多くあると言われています。

その中から自分に合った、しかも薄毛のことを理解してくれる美容院を探すのは至難の技と言えるでしょう。

私見なので多少偏りもあるかもしれませんが、ここで、薄毛の方が安心して任せられる美容院探しの参考になるポイントをお伝えしたいと思います。

①NEW OPENの個人オーナーのお店に行く

出店して3ヶ月以内くらいの小さなお店を狙って行ってみましょう。

新規出店したばかりの小さなお店はお客様をより丁重に扱う傾向があるので、細かいオーダーもいろいろ聞いてくれやすいと思います。

まだお客様も多くないため貸切状態になることも期待できます。その分、周りの視線を気にせず相談しやすい環境だと言えます。

②男性美容師を指名する

私のお店にも男性から多くの支持を得ている女性のデザイナーがいるので一概には言えませんが、特殊な技術や知識を勉強している女性美容師さんでない限り、男性の美容師さんに切ってもらうほうがしっくりくることが多いでしょう。

欲を言えば同じ薄毛の悩みを持っている人だとより理解があり心強いと思います。

③カット料金5000円以上の店を選ぶ

カットはパーマやカラーと違い原価がかかる技術ではないので、立地などで価格が変動します。とはいえ、ほとんどが言い値です。

今の技術を習得するために費やした時間や努力、提供する技術への対価と考える美容師さんが多いように感じます。

地域にもよりますが、一般的に5000円以上のカット価格が自分の適正と考えている美容師さんに、下手な人は少ないはずです。

もちろん3000円でも上手い人もいますし、6000円でも下手な人はいます。

ただ安かろう悪かろうが多いのも事実ですので、5000円以上を目安に選んでみるのもよいのではないでしょうか。

④朝イチを狙う

開店一番目のお客様は、それより前に予約が入っていることがないため、待たされたり急がれたりする心配がほとんどありません。

美容院は一般的に土曜日が一番混み、次いで日曜日・祝日が混みます。

可能な限り、平日の朝イチを狙うと人の目を気にすることもなく、一番リラックスして施述を受けられるでしょう。

⑤手紙を持参する

多くの男性は、美容師さんに伝えようと思っていたことをほとんど伝えられないままカットが始まることが多いのではないでしょうか。

私たち美容師もより多くの情報がほしいためあれこれ聞き出そうとしますが、初めて来店されたお客様の場合、多くの方は緊張でうまく伝えることができません。

その時に非常に助かるのは、先に手紙かメールをいただくことです。

事前に「自分はどこの薄毛で悩んでいる」、「前髪は切らないでほしい」、「最後にセットの仕方を丁寧に教えてほしい」、「小声で話してほしい」などといった情報を教えていただけると、ニーズにしっかり対応することができます。

逆に情報が足りないと、満足のいく結果は出にくいと思ってください。

必ずしも口頭である必要はなく、手紙でもメールでも、美容師さんとしっかりコミュニケーションをとることが薄毛克服への近道となります。

⑥中心街にある美容院激戦区から選ぶ

激戦区にある美容院は技術を競い合って成長することが多いためです。

激戦区にない美容院が下手というわけではありませんが、高い満足を得るための一つの判断基準になるでしょう。

⑦同じ担当者で2回は行く

よほどひどかった場合を除き、最低2回は同じ担当者にお願いするとよいでしょう。

私もそうですが、1回目はお客様の好みに合わせて、投げられたボールにバットをあてることで精一杯になることがあります。それは「絶対に失敗してはいけない」、「また来てほしい」と強く思うからです。1回目からフルスィングできる美容師さんのほうが少ないように思います。

ですから、お客様の側からすると、美容師さんから具体的な提案やアイデアを聞き出せるのは2回目以降のことが多くなります。そして通い続けることで信頼関係が生まれると髪型の相談も楽になります。

CHAPTER 5

AGA治療、自毛植毛、結毛式増毛について

☑ ＡＧＡ（男性型脱毛症）治療について

「ミノキシジル」の効果と使用上の注意点

ＡＧＡの治療は、主に内服薬や外用薬を用いての投薬治療が現在の主流となっています。有名な薬は次の３つです。

- ・フィナステリドを主成分とする「プロペシア」
- ・デュタステリドが主成分の「ザガーロ」
- ・**血管を拡張し発毛を促す「ミノキシジル」**

３つの中でもとくに効果を感じやすいのは、発毛を促すミノキシジルだと思います。Ｏ字型などの頭頂部の薄毛や、全体的に髪が薄くなるびまん性脱毛症の方には、顕著に効果が現れやすいでしょう。

ただし、ミノキシジルで、側頭部や後頭部に見られる本来の自毛のような、太くたくましい毛が生えてくることは期待できません。生えてくる毛の長さは1センチほどで、髪の毛というより産毛といった感じです。

しかし頭頂部や前頭部の髪が薄い方にとっては、地肌が産毛で覆われることで髪の隙間から見える地肌が隠れるため、薄毛のカバーには効果的です。

ミノキシジルの注意点は全身の体毛が明らかに濃くなることです。ヒゲや眉毛はもちろん、指や顔の毛、まつ毛などが濃くなり、髪の伸び方も早くなります。

また、塗布するタイプではなく服用するタイプのミノキシジルは、本来血圧を下げるための薬なので、低血圧の方が使用すると心臓に負担がかかることがあります。

一度使い始めるとやめられなくなる人が多いのも特徴と言えるでしょう。

使用をやめると血管の拡張はおさまりますので、髪の毛も元の状態に戻ってしまいます。

なお、ミノキシジルを使用すると、初期脱毛といって一時的に抜け毛が目立つことがあります。個人差があるようですが、ほとんどの方は回復に向かうのであまり心配はいりません。

進化途上のＡＧＡ治療薬

一方、「プロペシア」および「ザガーロ」はＡＧＡ治療薬で、抜け毛を抑制するお薬です（先ほどのミノキシジルにはＡＧＡの進行を抑える効果はありません）。

副作用は少ないように感じますが、予防をメインとしたお薬なので効果が出ているのか否かの判断が難しいところです。

また、副作用として勃起不全や精力減退というワードがネット上で見られますが、これも感じ方には個人差が大きいです。その症状が薬によるものなのかの判断は難しいですが、多くは気のせいのように感じます。

最近では「グロースファクター（成長因子）」や「ＨＡＲＧ（ハーグ）」など、再生医療を用いたＡＧＡ治療も登場しています。

また、「ノコギリヤシ」や「亜鉛」といった髪に良いとされるサプリメントも多くなっています。

ＡＧＡの治療法は日々進化していますが、まだ「これをやれば元気でたくましい元来の毛が生える！」といったものは残念ながら存在しません。

ただ治療を行い、精神が安定することで薄毛へのコンプレックスが軽減されるのも事実です。ＡＧＡ治療は無理のない範囲で続けることが重要なように感じます。

個人輸入のリスク

なお、クリニックの通院料とお薬代などを考えたときに、より安価な「個人輸入」を選ぶ方もいらっしゃるでしょう。誰にも会わずにお薬を入手できる気軽さもあります。

ただ、海外から郵送で送られてきたお薬は、いつどうやって製造されたか、どのように保管されていたかもわかりません。

最終的にはご自身の判断になりますが、専門のクリニックでの血圧測定、血液検査、遺伝子検査、効果分析等をされることをお勧めします。お金には変えられないものだと感じています。

自毛植毛について

自毛植毛手術には２つの方法がある

自身の後頭部の健康な毛根を採取し、前髪や頭頂部に移植する手術を「自毛植毛」と言います。ほとんどの方が産毛ではなく、しっかりした毛髪が発毛するのを実感することができます。

通常１つの毛穴から髪は２〜３本生えており、この１つの毛穴のことを１グラフトと呼びます。

手術には大きく２つの方法が用いられます。

後頭部からドナーを横一線に大量に採取しグラフトごとに株分けするＦＵＴ法。

そして後頭部のドナーをグラフトごとに少量ずつ採取するＦＵＥ法です。

「FUT法」とは

FUT法では多くのドナーを横一線に一気に採取した後、1グラフトごとに分割していきます。そのため短時間で多くのグラフトを採取することができ、時間と金額面を抑えられます。ただしFUT手術後の後頭部にはオペで採取した際にできる手術痕が横一線に残るため、短い刈り上げをすると傷跡が見えてしまいます。

「FUE法」とは

FUE法は1グラフトごとで採取するので、後頭部のドナーの傷跡は米粒半分ほどの小さな傷が点々と残る程度で済みます。しかし、繊細な作業になるため、時間と費用はFUT法と比べ割高になることが多い印象です。

またFUE法はドナー採取のために後頭部を1ミリ程度の坊主に刈り上げる必要があり、次の日からの日常生活に支障をきたします。

そのため多くの方が「ヘアシート」という部分ウィッグを後頭部に着用して、坊主部分をカバーします。このヘアシートは坊主部分の髪が違和感のない長さに伸びるまで、おおよそ1～2ヶ月もの間装着することになります。

ヘアシートのベース部分はメッシュ状になっており通気性が考慮されています。メッシュ部分に自毛を結びつけ、ボンドで接着して強固に止めているため、少々のことで取れることはありません。

しかし、「寝るときに接着部分が枕に当たって痛い」、「ヘアシートが馴染んでいない気がして周りにバレないか不安」といった想像以上の強いストレスを感じる方が多いです。

実際に行う前に知っておくべきこと

ＦＵＴ法を選ぶかＦＵＥ法を選ぶかは人それぞれですが、最近では多くの方が傷の残らない（目立たない）ＦＵＥ法を選んでいるように見受けられます。

植毛手術にかかる期間

どちらも植毛手術は日帰りで施述が可能です。しかし移植部の出血や腫れ（人によっては顔が腫れる場合もあります）などがあるため、最低でも2～3日は休みをとって安静にしたほうがよいでしょう。そのため、連休は平日に比べ手術費用が割高になる傾向があります。

植毛手術にかかる費用

FUTかFUEのどちらを選択するかによって多少金額に差があり、基本的にはFUTの方が安い傾向にあります。

植毛手術の費用は１００～１５０万円くらいのことが多く、範囲が広いと２００万円くらいかかる場合もあります。

目安としては１０００グラフトにつき１００万円くらい、かなり大雑把な概算ですが人差し指の第一関節分くらいの範囲で10万円ほどです。

金額を抑えたい方は韓国などの海外で手術する方もいます。金額は日本の半額くらいのようです。ただ言葉が通じないなどの不安もあるため、あまりお勧めはしていません。

植毛手術後から発毛まで

植毛をした移植部の髪の毛は2ヶ月ほどで全て抜け落ちます。しかし毛根はすでに定着しており（定着率は約80％程度）、術後4～6ヶ月頃で髪が生えてきます。3～4ヶ月目が試練のときで、手術をする前と同じ状態がしばらく続くため、本当に発毛するか不安になる方が多いのもこの時期です。

もともとは直毛の方でも、発毛する髪はクセ毛です。しかし、3～5年で生え変わり、クセもかなり弱くなります。

植毛し生えてきた髪は、後頭部と同じように伸びますし、白髪にもなります。パーマやカラーも施述可能です。

植毛手術に向いている薄毛のタイプ

植毛手術に向いているタイプは26ページの図のⅢくらいまでの進行具合の方でしょう。これより進行していると植毛の範囲が広いため、満足のいく結果を出すには高額な費用がかかります。

また、植毛は「まったく髪が生えていない箇所」に施述するほうが、効果を感じやすいです。というのも、移植部の周りに髪が生えていると、植え込む際にもともと生えている自毛の毛根を傷つけ、ロスする可能性があるためです。

植毛手術は、もともと0のところをを7にすることは得意ですが、3のところを10にすることは不得意なのです。もともと3あるところを10に増やそうとしても、少し自毛をロスするため、仕上がりは8くらいになっていることが多いように感じます。

また、髪が太い方のほうが細い方より定着率が格段によいです。

植毛に向いていると感じる方は、髪が太く、M字部分が薄くならずに髪が多いまま生え際が後退している方です。

逆に向いていないと感じる方は、髪が細い方、全体的に薄い方、髪と髪の間の密度を増やしたい方、地肌の透け感を減らしたい方です。

植毛は約80％ほどの定着率で発毛しますが、移植部の毛根の間隔（密度）は髪が多い側頭部や後頭部と同じように密にはなりません。完璧を求めず、今よりよくなればよいくらいの感覚でチャレンジすると満足のいく結果が得られると思います。

植毛手術前は髪を伸ばしておくと便利

FUEの植毛を決断した場合、その日から髪を伸ばすことをお勧めします。

先ほどお伝えした通りFUEは後頭部を刈り上げますが、1ミリに刈り上げても、後頭部の上のほうの髪がその刈り上げた部分を覆える長さになっていれば、ヘアシートをつけなくてよくなり、植毛手術後のストレスを大幅に減らすことができます。

もしそこまで長く伸ばせなかったとしても、短髪だとヘアシートの取り付けが困難なため、できるだけ伸ばしてほいたほうが便利です。

FUTの場合は髪を刈り上げる必要がないため、それほど長さを意識する必要はありません。しかし、後頭部に傷ができるため3センチ以上はあったほうが無難です。

どちらの手術方法を選ぶ場合でも、手術前には全体的に髪を長めにしておき、手術が終わったらセットしやすい長さに切るのが望ましいです。

植毛手術はバレないか

術後数日の移植部の傷跡（カサブタや出血など）さえバレずに隠すことができたなら、今後の普段の生活で植毛したことがバレることはまずないでしょう。

私たちＩＮＴＩのような特別な美容院でない限り、髪のプロである美容師が見ても気づくことはありません。なぜなら美容師にとっても植毛は身近なものではなく、症例を見たことのある人がほぼいないためです。

植毛手術総評

植毛手術に完璧な仕上がりを求めない方にはお勧めできる選択です。概ね70点の満足を得ることはできると考えておきましょう。

初期費用はかさみますが、追加の費用がかからないこと、必ず一定の結果が出ることを考えるとそんなに高い買い物ではないかもしれません。

現状をとにかくよくしたい、細かことは気にせず今のコンプレックスを軽減したい方には適していると思います。

要注意！　植毛してもＡＧＡ治療は必要

ただし、進行性の薄毛の場合は、植毛した部分だけ離れ小島のように髪が残り、その周りの髪は薄くなることも考えられます。自毛植毛は根元的な薄毛治療の一つではありますが、男性型脱毛症が改善するわけではないためです。

そのためＡＧＡの治療を続け、ＡＧＡの進行を抑えなければ、高額な自毛植毛の効果を最大限活かせなくなります。

必ずＡＧＡ治療の併用も検討に入れ、自毛植毛をするかしないかをお考えください。

☑ 結毛式増毛について

活用にはある程度の髪の長さが必要

増毛には「結毛式」「編み込み式」「全面接着式」の3種類があります。

今回は実際に私が施術していたことのある「結毛式」について紹介します（「編み込み式」「全面接着式」については私のお客様には体験している方がおらず、曖昧な回答になってしまうので控えさせていただきます）。

「結毛式」の増毛は、自毛に2～4本の人工毛を結び、一時的に増毛する方法です。結びつける人工毛は化学繊維でできているため吸水性はなく、人毛より軽いのが特徴です。軽いため髪へかかる負担も人毛より少なくなります。

しかし人工毛は日数が経つと、毛先にちりつきが出始めます。人工毛同士も絡みやすくなるため、クシの通りが悪くなりストレスに感じる方が多くいます。

またメーカーにより異なりますが、7センチほどの長さがないと結びつけることができないためある程度の髪の長さをキープする必要があります。

結毛式増毛のメリット

施術したその日から髪が増えるため、結婚式や同窓会など必要なシーンに合わせて手軽に活用できます。パーマやカラーリングも通常のように施述可能ですが、人工毛に薬液は反応しないのでパーマがかかったりカラーが染まることはありません。

結毛式増毛のデメリット

一番のデメリットは、維持するために人工毛を地毛に結び続ける必要があるため、根元的な薄毛の解決にならない点です。一回あたりの費用はそれほど高くなくても、継続すると高額になります。

また、人工毛は軽いとはいえ、一定の重さはあるため、自毛に負担がかかり続けます。しかも、一度結び付けた人工毛は、もし気に入らなくてもカットするまで外すことができません。自然に取れることはないので注意が必要です。

結毛式増毛はバレないか

美容師さんは、クシ通りが悪いなどの理由から人工毛の結び目に気づくはずです。結び目の大きさは、なぜか髪に結び目があるという経験が誰しも一度はあると思いますが、それくらいのごく小さなものです。その小さな結び目が大量にあるため、つむじなどの上からかぶってくる髪の毛がない箇所ではどうしても目立ちます。

一方、前髪など上から髪が覆いかぶさってくる部分は、他人に気づかれることはありません。日常生活ではよほど直視されない限り、バレることはないでしょう。

結毛式増毛総評

大切な日や人前に立つなどの一時的な利用に関してはお勧めできます。

ただし、日常使いで繰り返し付け続けることに関しては、髪への負担や日々のストレスなどを考慮すると要検討かと思われます。

おわりに

私は毎月３００名ほどの薄毛に悩む男性の髪をデザインしています。

サロン全体だと、毎月１７００名の方にご来店いただいています。

日々のお客様との会話の中で、よく「薄毛あるある」の話でこんなふうに花が咲くことがあります。


風に弱いし、水にも弱い。

プールが嫌いだし海も大嫌い。でも本当は大好き。

地下鉄の突風やビル風が怖い。

強風の日はなるべく風に背を向けて歩く。

ジェットコースターは違う意味で怖くて乗れない。

一度かぶった帽子は何があっても取らない。

帽子取らないと失礼だよと言われてもそんなこと知っている。

万が一取らなければならない時のことも考え、最初のかぶり方も工夫する。

みんなで温泉に行ったら一番に出るか、最後に入る。

温泉上がりは真っ先に髪を乾かす。

個室居酒屋などのスポットライトは避けて座る。

髪の話題になりかけたら、とりあえずいったん席を立つ。

ずっとロン毛に憧れている。


あげだしたらきりがないのですが、皆さんもいくつか共感できることがあったのではないでしょうか。

実は皆さんが思っている以上に多くの男性が薄毛で悩んでいます。

きっと周りのお友達や同僚も同じように悩んでいることと思います。

冒頭にも書きましたが、薄毛の悩みは進行性であること、そして誰にも相談できないことが心を苦しめる大きな要因でないかと考えます。

もし友人や同僚と髪の話をする機会があった際には、ぜひ本書のことに触れていただき、髪の悩みを共有できるきっかけになればと思います。

「ヘアデザインで人生を変える」

私はヘアデザインが持つ可能性を信じてやみません。
この本で少し気持ちが軽くなり、明日からのあなたの役に立てたなら幸いです。

ＩＮＴＩ代表　美容師　宮本洋平

〈著者紹介〉

宮本洋平（みやもと・ようへい）

薄毛専門ヘアサロンINTI代表。1977年、兵庫県生まれ。

「ヘアデザインで人生を変える」をコンセプトに、薄毛をカバーするヘアスタイルやテクニックを、個々のライフスタイルに合わせて提案している。髪を切るだけで薄毛へのコンプレックスを大幅に軽減できることから、都内だけでなく県外や海外から足繁く通う顧客も数多い。webにおいても、髪の悩みを持つ人に向けて、薄毛のタイプ別ヘアカタログや日常のケアに関する知見を積極的に発信している。

芸能人や著名人も顧客に多く、サロンワークの他にヘアメイクアップアーティストとしても様々なTVやCMで活躍する。

現在は、渋谷、新宿、東京、大阪、福岡の5カ所にサロンを展開している。

INTI web：http://www.inti-tokyo.com
月刊宮本洋平：https://lineblog.me/fullaccel555/

最速でバレずに気になる薄毛をカバーする

2019年9月20日　　第1刷発行

著　者――――宮本洋平
発行者――――八谷智範
発行所――株式会社すばる舎リンケージ
〒170-0013　東京都豊島区東池袋3-9-7　東池袋織本ビル1階
TEL 03-6907-7827　　FAX 03-6907-7877
URL http://www.subarusya-linkage.jp/
発売元――株式会社すばる舎
〒170-0013　東京都豊島区東池袋3-9-7　東池袋織本ビル
TEL 03-3981-8651（代表）
03-3981-0767（営業部直通）
振替 00140-7-116563
URL http://www.subarusya.jp/
印　刷――ベクトル印刷株式会社

ISBN978-4-7991-0847-5